아이와 함께하는
성정체성 이야기
부모와 양육자를 위한 따뜻한 조언

Tavi Hawn 저 | 신윤정 · 정애경 · 최나연 공역

학지사

THE GENDER IDENTITY GUIDE FOR PARENTS
-Compassionate Advice to Help Your Child Be Their Most Authentic Self-
by Tavi Hawn

Copyright © 2021 by Rockridge Press
First Published in English by Rockridge Press,
an imprint of Callisto Media, Inc.

Korean translation rights © 2025 by Hakjisa
Korean translation rights are arranged with
Callisto Media Inc. through AMO Agency, Korea.

All rights reserved.

이 책의 한국어판 저작권은 AMO 에이전시를 통해
저작권자와 독점 계약한 ㈜학지사에 있습니다.
저작권법에 의해 한국 내에서 보호를 받는 저작물이므로
무단 전재와 무단 복제를 금합니다.

역자 서문

 부모를 포함한 주양육자 및 보호자(이하 간결성을 위해 '부모'로 지칭)는 아이들이 처음 세상과 마주하는 환경을 제공하는 존재입니다. 아이들은 부모를 통해 '나는 사랑받을 만한 사람이다'라는 믿음을 배우고, 삶에서 처음으로 마주하는 성인으로부터 세상을 탐구하는 법을 익힙니다. 그런 부모로서, 우리는 아이들에게 어떤 세계를 보여 주고 있을까요?

 상담 전문가이자 연구자로서 저는 트랜스젠더와 논바이너리 관련 연구를 진행하며 국내에서 참고할 만한 서적이나 자료가 부족하다는 점을 늘 아쉬워했습니다. 이러한 현실 속에서, 이 책이 부모와 보호자에게 아이의 성정체성을 이해하고 지지하는 데 도움을 줄 수 있기를 바라며 번역을 시작했습니다. 번역 작업은 저와 두 분의 공동 역자가 함께 진행했습니다. 정애경, 최나연 교수님 모두 상담심리전공 교수이자, 성소수자의 정신건강 연구 및 옹호 활동에 적극적이신 상담 전문가입니다. 또한 모두 양육자이기에 번역 작업을 하며, 각자 연령대가 다른 자녀를 키우는 과정에서 경험했던 성별 표현 관련 등 다양한 에피소드를 공유했습니다. 미국에서 쓰였기에 한국 상황에 맞지 않는 내용들은 적절하게 각색하거나, 혹은 적합한 언어나 표현을 고르기 위해 깊이 고민하며 즐겁게 작업했습니다.

역자 서문

이 책은 성정체성에 대한 기본 개념과 관련 용어를 이해하는 데서 출발합니다. 또한 부모로서 우리가 가진 고정관념과 편견을 돌아보는 동시에, 아이들의 성정체성을 지지하고 긍정할 수 있는 육아 방법을 구체적으로 소개합니다. 아이들이 성장하며 성정체성에 대해 질문하거나 스스로를 탐색할 때, 부모가 어떤 태도로 대화하고 지지해야 할지 막막했던 순간들을 떠올려 보세요. 이 책은 그러한 상황에서 여러분에게 실질적인 도움과 가이드를 제공할 것입니다.

아이들은 성별에 대한 편견 없이 세상을 바라봅니다. 제 아이들이 어렸을 때, 제가 바른 매니큐어를 보고 "엄마, 예쁘다!"라며 자기 손톱과 발톱에도 발라 달라고 했던 일, 색에 대한 고정관념 없이 분홍색, 빨간색, 노란색 옷을 입으며 즐거워했던 모습을 떠올려 봅니다. 지금은 무채색 옷만 고집하는 사춘기 아이가 되었지만, 그 순수했던 시절의 기억은 제가 이 책을 번역하는 데 큰 영감을 주었습니다.

성정체성은 우리 모두가 가지고 있는 것이며, 이는 비정상과 정상의 문제가 아니라 다양성의 문제입니다. 그러나 우리의 사회는 여전히 남성과 여성이라는 이분법적 틀에 갇혀 있습니다. 신분증과 공문서에 성별을 항상 명시해야 하는 이유, 직장에서 이분화된 성별 구분이 필요한 이유를 고민해 본 적 있으신가요? 모든 트랜스젠더가 의료적 또는 법적 성별 정정을 원하는 것은 아닙니다. 성정체성에 대한 편견이 사라진다면, 누구나 자신답게 살아갈 자유를 누릴 수 있을 것입니다.

이 책은 저자의 경험과 함께, 다양한 부모와 양육자가 궁금해했던 질문과 그에 대한 답변도 포함하고 있습니다. 여러분이 평소에 가지고 있던 고민이나 질문에 대한 실질적인 답을 얻을 수 있는 부분도 많을 것입니다.

우리는 부모로서 아이에게 어떤 시선으로 세상을 보여 줄지 선택할 수 있습니다. 무의식적으로 고정관념을 전달하기보다 아이와 함께 세상을 있는 그대로 바라보며 열린 마음으로 소통하는 태도를 가져 보는 것은 어떨까요? 이 책이 그 여정을 시작하는 데 작은 길잡이가 되기를 바랍니다.

2025년 5월
역자 대표 신윤정

저자 서문

안녕하세요. 『아이와 함께하는 성정체성 이야기: 부모와 양육자를 위한 따뜻한 조언』을 선택해 주셔서 감사합니다! 아마도 당신은 자녀가 자신의 성정체성으로 성장할 수 있는 양육 장소를 제공하고 싶기 때문에 이 책을 읽고 있을 것입니다. 그리고 성별을 확장할 수 있는 아이가 있고 그것이 무엇을 의미하는지 사회적 상황을 탐색하는 방법을 배우면서 지원하고자 이 책을 선택했을 것입니다. 아마도 당신은 당신의 아이가 트랜스젠더라는 것을 알고 있고 확언하고 싶을 것입니다. 아니면 당신이 함께 일하는 가족을 더 잘 지원하거나 그들과 공유할 수 있는 검증된 자원을 확보하기 위해 이 책을 읽고 있는 상담사, 치료사 또는 교육자일 수도 있습니다.

이 주제는 때때로 압도적이고 심지어 무섭게 보일 수도 있습니다. 하지만 괜찮습니다. 이 책은 사람들이 살아가면서 자신이 조절 가능하고 소화할 수 있는 속도로 자녀의 성정체성 관련 질문이나 어려움을 다룰 수 있게 하자는 목표로 쓰였습니다. 이 책은 자녀가 시스젠더이든, 성별 확장이든, 트랜스젠더이든, 현재 자녀의 성정체성을 확신할 수 없는 모든 부모와 양육자를 위한 것입니다. 이 책의 개념 중 일부는 모든 연령대의 아이를 키우는 사람들에게 도움이 될 테지만, 대부분의 내용은 아직 사춘기에 도달하지 않은 아이들에게 초점을 맞추고 있습니다. 이 책의 자원 부록에서 청소년을 위한 몇 가지 유용한 자료를 찾을 수 있습니다.

성정체성은 개인의 진실이며, 우리 모두는 자신의 성별에 대한 감각을 느낍니다. 이것은 신체 부위나 외적으로 보이는 모습과는 무관합니다. 우리의 성정체성은 우리를 완전하고 온전한 자아로 만드는 것의 한 측면입니다. 어떤 사람의 성정체성을 존중하고 긍정하는 것은 중요합니다. 왜냐하면 성정체성은 개개인이 자기 스스로를 만들어 가는 과정의 일부이기 때문입니다. 따라서 개인의 성정체성이 명예롭게 다루어지지 않고, 존중받지 못하고, 부정당할 때 상처와 다양한 문제가 발생할 수 있습니다. 우리 중 누구도 그렇게 느끼길 원하지 않는다는 걸 알기에, 이 책을 잘 고르셨다고 강조하고 싶습니다!

이 책의 저자인 저는 많은 가족과 아이뿐만 아니라 그들에게 필요한 다양한 서비스를 제공하는 다른 분야 전문가 및 교육자와 함께 일해 온 상담사이자 전문 컨설턴트입니다. 저는 제 성정체성을 묘사하기 위해 '트랜스젠더' '논바이너리' '투 스피릿'이라는 단어를 사용하는 개인으로서 제 삶의 경험을 일에 가져올 수 있었습니다. 과거에, 저는 제 성정체성을 설명하기 위해 '젠더퀴어'라는 용어를 사용했습니다. 우리가 성별에 대해 이해하거나 이야기하는 방식이 시간이 지남에 따라 성장하고 변할 수 있다는 것을 보여 주기 위해 저의 경험을 예시로 들어 보도록 하겠습니다. 저에게 있어 '젠더퀴어'라는 용어가 제 성별에 대한 '잘못된' 단어는 아니었지만, 저는 현재 저를 더 잘 기술하는 다른 단어들을 사용합니다. 각 개인에게 고유한 성정체성 발달의 여정에서 가족과 성별 확장 어린이와 청소년을 지원하는 것은 저에게 영광이자 기쁨이었습니다. 이 책에서, 저는 수년 동안 함께 일한 사람들에게 도움이 된 개념, 관점, 전략, 그리고 활용 가능한 활동을 공유하려고 합니다. 저도 부모로서, 좀 더 지지적인 방식으로 부모 역할을 하고자 노력하는 보호자들에게 이 정보가 얼마나 필요한지 점점 더 분명하게 느끼고 있습니다.

이 책은 순차적으로 읽으면서 이해될 수 있는 방식으로 쓰였지만, 관심 있는 부분으로 건너뛸 수 있고 이미 읽은 부분을 다시 살필 수 있도록 작성되었습니다. 제1부의 제1장에서는 '성별 확장성'과 같은 몇 가지 기본 개념과 용어에 대해 다룰 것입니다. 이미 익숙한 내용이거나(언제든 다시 돌아보는 건 도움이 되니까요) 처음 접하는 내용일 수 있습니다. 저는 몇 가지 성정체성을 소개하고, 성역할과 성별 위화감에 대해 논의하려고 합니다. 제2장에서는 성정체성 발달에 대해, 그리고 성정체성과 성별 표현 간의 차이점에 대해 다룹니다. 당신은 자녀의 고유한 자아를 포용하고 성을 긍정하는 부모가 되기 위한 몇 가지 아이디어를 얻게 될 것입니다.

제2부에서는 광범위한 양육 개념, 접근 방식 및 전략을 소개합니다. 이 내용들은 우리가 어떤 신념과 경험을 가져올 수 있는지 확인하도록 이끌어 줄 것입니다. 또한 제2부에서 다루는 내용들은 우리가 어떤 부모나 보호자가 되고 싶은지 생각해 보게 하고, 그런 부모 및 보호자로서의 행동을 실천하는 실용적인 방법이 무엇일지 생각해 보는 데 도움이 될 것입니다.

제3부에서는 어떤 질문을 해야 하는지, 어떻게 자녀가 이끄는 대

로 함께 가 볼 수 있는지, 그 방법과 같은 성정체성과 표현을 확인하는 것과 관련된 전략을 탐구합니다. 긍정적인 가정환경을 만드는 방법에 대한 팁, 사춘기를 준비하는 방법에 대한 제안, 자녀가 공개적으로 사회적 성전환 과정을 거치고자 할 경우 고려해야 할 사항에 대한 지침을 얻을 수 있습니다.

제4부에서는 어린이와 청소년의 부모가 자주 묻는 질문을 검토합니다. 그 질문들은 후기 청소년에 관한 몇 가지를 포함하여 그 시점까지 책에서 깊이 다루거나 논의되지 않았을 수도 있는 몇 가지 주제를 다룹니다. 또한 제4부에서는 활용 가능한 자원과 참고문헌을 제공합니다.

'트랜스' '인터섹스' 및 관련 용어를 고유명사화하여 사용(영어의 경우는 특정성을 강조하고자 고유명사의 경우 대문자화하여 사용)하는 점에 대해서는 다양한 여러 의견이 있는데, 저 역시 다양한 견해를 인정하고 이해합니다. 트랜스젠더/트랜스가 항상 정체성인 것은 아니며 일반적인 특정 성별이 아니기 때문에 저는 이 책을 급진적인 편집자(언어는 중립적이지 않으며, 속한 사회를 반영한다고 생각하는 편집자)의 추천에 따라 소문자를 사용하기로 결정했습니다.[1]

저는 이 책이 당신을 격려하고, 자신감을 갖게 하고, 새로운 아이디어를 제공하고, 당신의 자녀가 자신이 누구라고 지칭하고 말하든 긍정하겠다는 당신의 헌신을 지지하는 데 쓰이길 바랍니다. 왜냐하면 이러한 것들은 우리 아이들에게 도움이 되기 때문입니다. 이 책

---

1) 역자 주: 한국어로 풀어 쓰면 특정 정체성을 딱 정해서 지칭하는 고유 표현으로만 사용하는 걸 지양하겠다는 의미이다.

이 당신의 모든 질문에 답하거나 모든 사람의 요구를 충족시키지 못할 수도 있지만, 미래에 당신을 위한 더 많은 독서, 대화 및 연구를 위한 디딤돌이 될 것이라 생각합니다. 이 책과 함께하는 여정을 즐기시길!

차례

- 역자 서문 3
- 저자 서문 7

제1부 기초 다루기 17

제1장 | 성정체성 101 19
- 성정체성 이해 19
- 정체성에 대한 일반적인 오해 31

제2장 | 당신, 당신의 자녀, 그리고 성정체성 39
- 아이들이 성정체성을 발달시킬 때 39
- 어떻게 아이들이 자신의 성정체성을 표현할까 46
- 자녀의 진정한 자아를 포용하기 48

제2부 기본적인 부모 역할 전략 57

제3장 | 진정한 자기 되기 59

제4장 | 나의 편견 다루기 65

| 제5장 | 귀 기울여 듣는 법 배우기 71

| 제6장 | 대화의 창 열어 놓기 79

| 제7장 | 인내심 연습하기 87

| 제8장 | 상호 존중 만들어 가기 93

제3부 성정체성을 지지하고 긍정하는 양육 전략 99

| 제9장 | 자녀와 성정체성에 대해 이야기 나누기 101

|제10장| 안전하고 지지적인 가정 만들기 109

|제11장| 아이의 성별 표현을 격려하기 115

|제12장| 자녀가 이끄는 대로 따르기 121

차례　15

|제13장| 가정하지 않고 관찰하기 129

|제14장| 올바른 질문하기 135

|제15장| 사춘기를 대비하기 143

|제16장| 사회적 전환을 준비하기 149

제4부　**자주 묻는 질문과 답변**　159

- 자원 195
- 참고문헌 197
- 찾아보기 201

제1부

기초 다루기

　제1부에서는 성정체성, 성역할, 용어, 성정체성 발달, 성별 표현, 그리고 진정성을 포용하는 방법을 검토할 것입니다. 그냥 몇 가지 소소한 내용들이니 걱정하지 마세요. 우리는 천천히 충분한 시간을 가지고 알아 가면서 관련 개념을 이해해 볼 것입니다.

　물론, 당신은 이미 관련한 기본 개념이나 내용을 알고 있고 익숙할 수 있습니다. 그것 또한 좋습니다. 저는 지금 이 책을 읽고 있는 당신이 성별에 대해서 확장적이거나 트랜스젠더일지라도, 계속 관련한 내용들을 고민해 보고 탐색해 보려고 하는 생각을 유지하며, 우리가 살아가면서 지속적으로 노출되고 있는 주류 지배적인 문화 사상이나 가치로부터 자유로워지는, 즉 '다시 배우는' 과정을 계속하는 것이 좋다고 생각합니다.

성정체성 101

이 장은 성정체성과 관련된 기본 개념에 대한 개요를 제공합니다. 우리는 성정체성과 지정된 성 또는 성별의 차이를 검토하고, 성역할과 몇 가지 성정체성을 살펴보며, 성별 위화감을 정의할 것입니다. 전 세계적으로 다양한 성별의 역사는 풍부하며, 저는 당신이 이러한 역사에 대해 스스로 더 많이 찾아보고 알아가 보기를 권하고 싶습니다.

성정체성 이해

모든 사람이 특정 용어나 아이디어에 균일하게 노출된 것은 아니며, 우리 모두는 성별과 성에 대해서 현재 사회에서 가장 우세한—보편적이고 지배적인—사회적 메시지를 인식하는 과정에 있기 때문에, 이러한 개념을 실제로 흡수하기 위해서 읽거나 듣는 데 여러 번 노출될 수 있습니다. 이 부분을 몇 번 다시 읽고 싶을 수도 있는데요, 그 또한 좋습니다!

성정체성(gender identity)¹⁾은 개인의 진실하고, 내적이며, 느껴지는 성별에 대한 감각입니다. 이것은 신체 부위나 겉모습과는 무관합니다. 성별 표현은 사람이 자신의 성정체성을 외부 또는 사회적으로 표현할 수 있는 여러 가지 방법입니다. 여기에는 이름, 인칭대명사²⁾, 머리 스타일, 메이크업 사용, 액세서리, 의류 스타일 및 버릇과 같은 것들이 포함될 수도 있고 포함되지 않을 수도 있습니다. 성별 스펙트럼은 존재하는 무수한 성정체성을 의미합니다. 이 수많은 성정체성을 구분해 나갈 때, 자기 자신에게 먼저 적용해 보는 방식으로 시작하는 것이 도움이 될 수 있습니다. 당신의 성정체성은 무엇인가요? 당신이 자신의 성별을 표현하는 방법은 무엇입니까?

현재 주류 사회에서, 아기들은 사회적으로 인식되는 '성(sex)'(즉, 성기의 모양)에 따라 성별(gender)이 배정됩니다. 이 때문에, 성별과 성은 이러한 지정되는 방식에 기반해서 병합되고, 주류 사회는 성과 성별이 남성인가 아니면 여성인가 이 두 개념을 중심으로 구성됩니다. 그러나 우리가 무엇을 '성'이라고 생각하는가를 고려해 볼 때, 단지 두 개의 '성'만 존재하는 것은 아닙니다. 이러한 사회적 이분법은 인터섹스(intersex)³⁾ 특성을 가진 사람들의 존재와 인식

---

1) 역자 주: gender identity는 성정체성 혹은 성별 정체성으로 번역되나, 이 책에서는 성정체성으로 통일하여 사용하였다.
2) 역자 주: 한국에서는 인칭대명사의 성을 구분하지 않는 특성으로 인해 상대의 성이 누구던 '그'라고 모두에게 사용 가능하나, 영어에서는 남성과 여성을 지칭하는 인칭대명사가 분리되어 있다. 이에, 신체적인 특징이나 이름만을 보고 남자인지 여자인지 짐작하고 단정짓지 않도록, 자신을 소개하거나 이메일을 쓸 때, 자신이 불리고 싶은 성별 인칭대명사를 같이 말하거나 적어 두기도 한다.
3) 역자 주: intersex는 간성 혹은 인터섹스라고 번역되나, 이 책에서는 인터섹스로 통일하여 사용하였다.

을 무시합니다. 이 글을 쓰는 시점에서만도 24개 이상의 알려진 인터섹스의 특성이 있는데, 일부는 염색체 또는 호르몬 구성과 관련이 있고, 일부는 생식기관과 관련이 있으며, 일부는 생식기와 관련이 있습니다. 이것들은 동물과 식물에서도 발견되는 자연적으로 발생하는 특성입니다. 비정상적인 것으로 간주하기보다, 두 가지 이상의 범주의 성 특성이 있다고 받아들이는 거죠. 여기서 분명히 짚고 넘어가야 하는 점이 있는데, 트랜스젠더 정체성은 인터섹스에서 오는 것이 아닙니다. 만약 성별 이분법이 물리생물학의 규칙이 아니라는 증거가 있다는 점을 받아들일 수 있다면, 당신은 성정체성이 이분법적이거나 외모나 특성에 의존하지 않는다는 것을 받아들일 수 있을 것입니다. 주류 사회는 또한 성과 성별을 동일시하는 경향이 있기 때문에, 아기들은 일반적으로 지정된 성과 관련된 성별을 가지고 있다고 가정되곤 합니다. 이 책이 우리에게 묻는 주요 사항은, 첫째, 이 세상에는 두 가지 성과 두 가지 성별만 있으며, 둘째, 출생 전의 초음파를 활용한 해부학적 검사 또는 출생 시 산부인과 또는 조산사의 관찰을 기반으로 어린이의 성별이 무엇인지 가정할 수 있다는 기존 생각과 개념에 의문을 제기하는 것입니다. 만약 당신이 이러한 정보들을 처음 접하는 것이라면, 어서 숨을 쉬세요. 책을 잠시 내려놓고 자신에게 이것을 받아들일 시간을 주시죠.

우리는 또한 역사적으로 전 세계의 많은 문화권에서 성별을 생식기나 신체 부위와 연결지어 생각하지 않았거나 지금 그렇게 생각하지 않는다는 점을 알고 있습니다. 대신, 성별은 무언가 초월적인 본질이나 에너지와 연결되어 있거나, 아이가 조상의 정신을 구현하고 그 성별을 가지고 있다거나, 혹은 아이가 스스로 자신의 성정체성을 인식할 때 비로소 그 정체성을 공유하는 자로서 이해됩니다. 이러한 문화의 대부분은 또한 여러 성별을 인정했거나 가지고 있으며, 때로는 세 번째 또는 네 번째 성별을 가진 사람들이 공동체에서 신성한 역할이나 매우 가치 있는 위치를 차지했습니다.

성적 지향은 낭만적이거나 성적인 매력과 관련이 있습니다. 어떤 성정체성을 가진 사람이든 다양한 성적 지향을 가질 수 있다는 것을 아는 것이 중요합니다. 예를 들어, 트랜스 여성은 레즈비언, 이성애자, 범성애자, 무성애자 또는 기타 성적 지향을 가질 수 있습니다. 당신의 성적 지향은 무엇입니까? 당신은 언제 당신의 성적 지향이 무엇인지 알았나요?

♡ 성역할의 역할

성역할은 사회가 지정된 성별 또는 성별의 사람이 특정 사물에 대해 보이고, 행동하고, 관심을 보일 것으로 기대하는 방식입니다. 성역할은 보편적이지 않습니다. 이는 문화, 장소, 그리고 시간과 연결되어 있습니다.

1800년대부터 1950년대까지, 미국과 유럽에서는 언론, 유명인들 및 학자들까지 남성과 여성의 외모 차별화를 장려하는 강력한 메시지를 보냈습니다. 이것은 또한 백인을 흑인, 원주민 및 기타 유색인종과 구별하려는 노력과 관련이 있었습니다. 이 노력에는 유럽 청교도 신앙에 기반한 성역할을 강요하려는 시도가 포함되었습니다. 이 기간 이전에, 이러한 역할과 성별 신념은 노예가 된 아프리카와 원주민에게 종종 폭력적인 방식으로 강요되었습니다. 하지만 그럼에도 불구하고 미국의 소수 문화 및 민족 집단은 성별과 성역할에 대한 전통적인 견해를 유지할 수 있었는데, 이는 같은 국가의 모든 사람이 동일한 방식으로 성역할을 경험하지 않는다는 것을 인식하는 것이 중요합니다.

이러한 고정관념은 1940년대에 장난감 제조업체들이 특별히 '소년' 또는 '소녀'을 위한 장난감을 판매한다면 가족들이 두 가지 다른 장난감 세트를 구매하도록 할 수 있다는 점을 깨달았을 때 더 확장되었습니다. 그들은 파란색과 분홍색을 사용하여 이러한 성 고정관념을 확장시켰습니다. 장난감 제조업체들은 또한 신체 활동, 경쟁, 공격성, 공학, 인지 능력 구축하기 등 '소년'이랑 고정관념적으로 연관된 특성들을 '소년'용 특정 장난감으로 지정했습니다. 이로 인해 스포츠 장비, 자동차, 트럭, 구조 차량, 액션 피규어, 장난감 총, 블록 및 과학 키트와 같은 장난감이 '소년' 장난감으로 판매되었습니다. 소녀들은 어린 시절을 아이들과 다른 어른들을 돌보는 법을 배우고, 미용 기술을 배우고, 예뻐지는 연습을 할 것으로 기대되었습니다. 그래서 인형(바비, 공주, 아기 인형, 종이 인형), 봉제 인형, 간호사 유니폼, 투투 스커트와 요정 지팡이 등으로 특징지어지는 옷들, 그리고 공예 키트들이 '소녀'용 장난감으로 이어졌습니다.

현재의 연구에 따르면, 1950년대 이후, 여성들의 고등 교육과 노동력에 대한 진입이 크게 증가했지만, 이러한 증가는 많은 경우, 특히 유색인종 여성의 경우 남성과 동등한 임금이나 권위 있는 직위로 이어지지 않았습니다. 그리고 가정 내부의 분업에는 여전히 불평등이 존재합니다. 이는 현재까지 소녀와 여성들이 양육과 가사노동을 '자연스럽게 더 잘하는' 혹은 '더 책임이 있는' 사람들이라는 고정관념이 유지되고 있음을 의미합니다. 이는 남자는 양육과 가사노동과 관련된 일들에 관심을 갖지 말아야 한다는 고정관념 또한 유지되고 있음을 의미합니다.

이러한 현상에 대해서 당신의 머릿속에 떠오른 과거 경험은 어떤 것이 있습니까?

이러한 고정관념이 주류 사회의 대부분의 측면에서 강화되는 정도는 놀라울 정도입니다. 당신이 장난감이나 아동복 매장을 지나가거나, 유치원이나 초등학교를 방문하거나, 어린이 TV 프로그램(그리고 대부분의 성인 TV)을 시청해 보면, 소년이 무엇인지, 소녀가 무엇인지, 그들이 어떻게 생겼는지, 그리고 그들이 좋아하는 것들은 무엇인지에 대한 메시지에 노출될 수 있습니다. 이 모든 메시지와 함께, 아이들이 일반적으로 통념에 반하는 사고나 행동을 하는 게 얼마나 어려운지 이해하는 것은 어렵지 않습니다. 아이들이 다양한 성역할, 성별 표현 및 성정체성에 정기적으로 노출되지 않는다면, 그들에게 어떤 선택지가 존재할 수 있는지 어떻게 알 수 있을까요? 사회화는 개인의 성정체성을 결정하지 않습니다(기억하세요. 그것은 내면적인 작업입니다). 그것은 단지 자신의 성정체성을 깨닫고 이해하는 것을 더 어렵거나 쉽게 만들 수 있습니다.

💚 '성별 확장'이 된다는 것은 무엇을 의미합니까

　성별 확장은 고정관념이나 사회적 규범을 벗어난 성별 표현, 역할 및 정체성에 대한 이해를 넓히는 사람들을 위한 포괄적인 용어입니다. 성별이 확장된 사람들이 반드시 트랜스젠더일 필요는 없습니다. 트랜스젠더(또는 트랜스)는 태어날 때 할당된 성별이 자신의 성정체성(즉, 개인이 내면적으로 느끼는 성별 감각)과 일치하지 않는 사람을 가리키는 포괄적인 용어입니다. 트랜스젠더라는 용어 안에 속하는 일부 사람들은 자신의 성정체성을 설명하기 위해 '트랜스젠더'라는 단어를 사용하지 않을 수 있습니다. 예를 들어, 그들은 대신 '젠더플루이드' '젠더퀴어' 또는 '논바이너리'를 사용할 수 있습니다. 어떤 사람들은 '트랜스젠더' 대신 문화적으로 특정한 용어를 사용할 수 있습니다. 예를 들어, '윙크테'(라코타-미국인디언 부족 중 하나), '마후'(하와이 원주민과 타히티인), '투 스피릿'(아메리카 원주민), '코티'(인디언), '친다'(카보베르데)와 같은 용어를 사용함으로써 그들의 정체성을 분리할 수 없다는 것을 인정합니다. 사람들은 문화적으로 관련된 단어를 자신을 위해 사용할 수 있어야 하며, 문화적으로 특정한 용어는 해당 문화 밖의 사람들이 사용할 수 없습니다. 다른 사람들은 '여성' 또는 '남성'이 그들의 주요 정체성이며 트랜스젠더 경험이 있다는 것을 표현하기 위해 '트랜스 경험의 여성' 또는 '트랜스젠더 경험의 남성'이라는 문구를 사용할 수 있습니다.

다른 성정체성들

언어는 끊임없이 변화하고 있으며 공동체에 의해 만들어지고 영향을 받습니다. 특정 용어를 우선시하는 서로 다른 커뮤니티와 맥락이 있기 때문에 올바른 언어에 대한 단일 권한의 기관이나 출처는 없습니다. 스스로가 성별 확장자로서 경험을 하고 있다고 하더라도, 우리는 모두 새로운 용어와 개념을 계속 배우는 것에 대해 개방적일 수 있습니다. 제가 확실히 관련 언어에 대한 권위자는 아니지만, 책에서 자주 사용될 수 있고 일상생활에서 접할 수 있는 몇 가지 용어를 이 책에서 복습하는 것은 유용할 것이라 생각합니다.

에이젠더

에이젠더(agender)인 사람은 특정 성정체성이 없으며, 자신을 '성별 없음'이라고 설명하거나 성별 중립적(gender neutral)일 수 있습니다. 에이젠더는 다양한 인칭대명사를 사용할 수 있으며 사회적 또는 의학적 전환이 있을 수도 있고 없을 수도 있습니다.

바이젠더

두 가지 성별을 가진 것으로 스스로를 정체화하는 사람은 바이젠더(bigender)로 명명할 수 있습니다. 바이젠더인 사람은 한 번에 두 가지 정체성을 표현하거나 두 성별 사이에서 왔다 갔다 할 수 있습니다.

시스젠더

시스젠더(cisgender)인 사람은 성정체성이 태어날 때 지정된 성별과 일치하는 사람입니다. 이 단어는 1990년대 후반에 도입되었고 2000년대에 더 널리 사용되었습니다. 그 의도는 언어를 더 공정하고 포용적으로 만들고 트랜스젠더에 대한 차별과 관련된 인식을 조성하는 것이었습니다.

젠더 논컨퍼밍

젠더 논컨퍼밍(gender nonconforming)은 성정체성이나 표현이 고정관념적인 성별 규범에 부합하지 않는 사람들을 지칭하는 포괄적인 용어입니다. 비록 더 많은 사람이 지금 '성별 확장'이라는 용어를 사용하고 있지만, 어떤 사람들은 여전히 스스로를 젠더 논컨퍼밍이라고 부를지도 모릅니다.

젠더퀴어

젠더퀴어(genderqueer)는 '남성' 또는 '여성'의 개념을 벗어나거나 남성과 여성의 혼합인 성정체성입니다. 이 단어의 '퀴어' 부분은 종종 사회적 규범을 거부하는 것을 나타내는 데 사용되며, 이 경우의 사회적 규범은 성별과 관련이 있습니다.

인터섹스

인터섹스(intersex)란, 신체구조, 염색체, 또는 호르몬 등에서 남성과 여성의 엄격한 이분법적 구분을 넘어서는 자연스러운 생물학적인 변이를 가지고 태어난 것을 의미합니다. 인터섹스인 사람들은 태어날 때 남성 또는 여성으로 지정될 수 있으며, 종종 유아기나 어린 시절에 신체를 고정관념적인 남성/여성의 특성이나 외모로 바꾸기 위해 의학적 개입을 받는 경우가 많았습니다. 인터섹스 옹호자들은 이 관행에 도전했고, 오늘날 더 많은 사람이 인터섹스가 의학적인 문제가 아니라는 것을 깨닫고 있습니다. 일부 인터섹스인 사람들은 트랜스젠더로 인식되는 반면, 다른 사람들은 그렇지 않습니다.

논바이너리

논바이너리(nonbinary)는 '남성' 또는 '여성' 이외의 다양한 성정체성에 대한 포괄적인 용어가 될 수 있습니다. 예를 들어, 일부 논바이너리 정체성은 '데미걸(demigirl)'(부분적으로 또는 대부분 소녀라고 느끼는), '젠더퀴어'(남성이나 여성 중 어느 성별에도 속하지 않거나 여러 성별의 요소가 혼합된), 그리고 '폴리젠더(polygender)'(동시에 또는 다양한 시간에 세 개 이상의 성별을 갖는 것)입니다. 논바이너리는 또한 특정한 성정체성일 수도 있습니다. 논바이너리라는 용어가 특정한 성정체성을 기술하기 위해 사용될 때는, 그 사람의 성별이 남성이나 여성이 아닌 그 무엇 혹은 남성과 여성의 성별이 조합된 것일 수 있습니다. 논바이너리 사람들은 어떤 유형의 성별 표현도 가능하고, '엔비(enby)'라고 논바이너리를 짧게 줄인 표현을 사용하기도 합니다.

옴니젠더

옴니젠더(omnigender)인 사람은 여러 성별의 혼합으로 식별되거나 모든 성정체성을 가진 것으로 식별됩니다. '팬젠더(pangender)'는 '옴니젠더'와 비슷한 용어입니다.

트랜스젠더

'트랜스젠더(transgender)'(또는 '트랜스')는 출생 시 지정된 성별이 자신의 성정체성과 일치하지 않는 사람을 가리키는 포괄적인 용어입니다. 트랜스젠더라는 용어 안에 포괄된 일부 사람들은 자신의 성정체성을 설명하기 위해 '트랜스젠더'라는 단어를 사용하지 않을 수 있습니다.

투 스피릿

'투 스피릿(two spirit)'은 일부 원주민이 원주민 또는 아메리카 원주민 정체성의 맥락에서 자신의 정체성을 설명하기 위해 사용하는 용어입니다. 그것은 성정체성 및/또는 성적 정체성(sexual identity)을 언급할 수 있으며, 앞서 언급했듯이 성별(gender)과 성(sexuality)에 대한 서구나 유럽의 이해와 동일하지 않습니다.

성별 위화감이란

성별 위화감(gender dysphoria)[4]은 출생 시 지정된 성별과 성정체성 사이에 불일치가 있을 때 발생할 수 있는 고통 또는 불편함입니다. 이 불편함과 고통은 신체적 특성과 관련될 수도 있지만, 타인이 인식한 성별을 근거로 공적인 자리에서 자신이 대우받거나 관계를 맺는 방식과도 관련될 수 있습니다. 모든 트랜스젠더가 위화감을 경험하는 것은 아닙니다. 많은 트랜스 옹호자는 이 용어가 『정신잘환의 진단 및 통계편람(DSM-5-TR)』에 포함되어 있다는 사실을 좋아하지 않지만, 전환 관련 의료 서비스에 대한 보험 적용 범위를 위해 진단해야 하기에, DSM-5-TR에 존재합니다.

어떤 아이들은 2세에서 4세의 어린 나이부터 성별 위화감을 경험할 수 있습니다. 또한 많은 사람이 사춘기 전에는 성별 위화감을 경험하지 않는다는 점에 유의해야 합니다. 성별 위화감으로 진단을 받기 위해서는, 다음 중 여섯 가지 기준을 충족해야 합니다(이 기준들 자체가 성별에 강하게 치우쳐 있거나 고정관념을 포함하고 있으며, 보편적으로 적용되지 않는다는 점에서 논란이 있을 수 있음을 유의해야 합니다. 그러나 이 글을 쓰는 시점에서 이것이 공식적인 정의입니다).

- 자신의 성별이 지정된 성별이 아니라고 주장
- 다른 성별이 되고자 하는 강한 욕망
- 일반적으로 지정된 성별이 아닌 성별과 관련된 활동, 게임 및 장난감에 대한 강한 선호
- 지정된 성별이 아닌 다른 성별과 관련된 옷을 입는 것에 대한 강한 선호
- 일반적으로 지정된 성별과 관련된 활동, 게임, 혹은 옷에 대한 강한 거부

---

4) 역자 주: gender dysphoria는 성별 위화감 혹은 성별 불쾌감으로 변역되어 쓰이나, 이 책에서는 성별 위화감으로 통일하여 사용하였다.

- 자신의 해부학적 특성에 대한 강한 혐오감
- 자신을 더 잘 설명한다고 느끼는 성별과 일치하는 신체적 성 특성에 대한 강한 욕구
- 지정된 성별이 아닌 다른 성별의 놀이 친구에 대한 강한 선호

성별 위화감은 이를 경험하는 사람들에게는 결코 완전히 사라지지 않을 가능성이 높지만, 이를 관리할 수 있는 선택지가 있습니다.

- 어린아이들을 위한 선택지에는 사춘기, 즉 2차 성징 발현의 억제도 있고, 사회적 전환(자신이 느끼는 성별에 맞게 이름, 인칭대명사 및/또는 성별 표현을 변경하는 과정)도 있습니다.
- 자신이 인식하는 성별 확정 호르몬 치료[gender-affirming hormone therapy; 때로는 호르몬 대체 치료(Hormone Replacement Therapy: HRT)라고 함]는 후기 청소년과 성인을 위한 선택지입니다.
- 성별 확정 수술(gender-affirming surgery)은 청소년과 성인을 위한 또 다른 선택지입니다.
- 심리상담/치료도 성별 위화감을 겪고 있는 사람을 위한 지원이 될 수 있습니다.

우리는 책의 뒷부분에서 이러한 선택지에 대해 더 깊이 논의할 것입니다.

정체성에 대한 일반적인 오해

성정체성에 대해서 많은 오해가 존재합니다. 우리가 아이들이 다양한 성정체성과 표현을 하는 사람들과 함께하고, 이러한 다양성에 대해서 공개적으로 이야기하고 정상화할 수 있도록 학교, 이웃,

가족 및 지역 사회 내 공간을 만들지 않는다면, 이러한 오해들은 지속될 가능성이 높습니다. 이것은 우리 모두의 적극적이고 의도적인 노력이 필요합니다. 당신은 이러한 변화를 일으킬 준비가 되었나요? 만약 당신이 이 책을 여기까지 읽었다면, 저는 당신이 준비가 되어 있다고 생각합니다.

◎ "모든 사람이 성정체성을 가지고 있는 것은 아니다"

이 오해는 제가 시스젠더(시스)인 사람들로부터 가장 자주 듣는 말입니다. 이는 누군가가 성정체성을 단지 트랜스젠더 사람들과만 관련이 있는 것으로 오해하고 자신 역시 성정체성을 가지고 있다는 것을 인식하지 못할 때 발생합니다. 많은 시스 사람은 출생 시 지정된 성(및 성별)과 항상 일치한다고 느꼈기 때문에 성정체성에 대해 많이 생각하지 않았다고 말합니다. 하지만 자신의 성정체성에 관심이 집중되지 않았거나 불편함이 없었다고 해서 성정체성이 없다는 의미는 아닙니다. 때때로 사람들은 '에이젠더' 또는 '성별 중립'과 같은 용어를 들을 때 혼란스러워하고 그것이 성정체성의 부재를 의미한다고 생각할 수 있습니다.

◎ "부모는 자녀의 성정체성에 영향을 미칠 수 있다"

이 오해는 성정체성이 개인 내면 깊이 느껴지는 성별 감각이라는 사실을 간과합니다. 그것은 외부 요인에 의해 만들어지거나 억제될 수 없습니다. 부모와 보호자는 아이가 자신의 성정체성을 깨닫는 데 걸리는 시간에 영향을 미치거나 아이가 느끼는 성정체성을 타당화해 주지 않음으로써 성별 위화감을 심화시킬 수 있지만, 이것이 성정체성 형성 자체에 영향을 미치지 않습니다. 저는 자녀가 트랜스젠더라고 커밍아웃을 했을 때, "내가 뭔가 잘못한 건가요?"라고 간혹 묻는 부모나 가족 구성원들과 함께 일했습니다. 이는 ① 트랜스젠더가 비정상적이라는 믿음이 여전히 존재하고, ② 부모 또는 보호자가 자녀의 성정체성에 영향을 미칠 수 있다는 오해가 깔려 있음을 의미합니다. 이것은 또한 '남성/여성 역할 모델의 부족' 등으로 인해 성별 다양성이 형성되었다는 방식으로 설명하는 과거의 트랜스포비아 이론에 뿌리를 두고 있을 수 있습니다. 어떤 사람도 다른 사람의 성정체성을 바꿀 수 없습니다. 부모는 자녀의 성정체성이 무엇이든, 적극적으로 지원하고 긍정해 주는 결정만을 내릴 수 있습니다.

"온라인에서 노출된 내용들 때문에 아이들이 성정체성을 바꾼다"

이러한 오해는 트랜스젠더가 되는 것이 최근 유행이라는 생각과 당신의 아이가 갑자기 트랜스젠더로 커밍아웃한 것이 소셜 미디어에서 노출된 것 때문일 수 있다는 생각에서 비롯됩니다. 이 생각은 소위 2018년에 작성된 '급발성 성별 위화감' 현상에 대한 논문을 통해 널리 홍보되었습니다. 해당 학술지는 이후에 독자들에게 연구의 질이 낮으며 오해의 소지가 있는 결과였음을 알리는 수정본을 발행해야 했습니다. 이러한 오해는 오랜 시간 역사적으로 전 세계에 걸쳐 함께 해 온 트랜스젠더와 성별 확장 사람들의 존재를 다시 한번 무시하는 것입니다. 이러한 오해는 또한 이 장의 첫 부분에서 제가 언급했던, 또래나 타인들로부터 받아 온 부정적인 말과 반응 때문에 고정관념에 기반한 규칙이나 관념들을 벗어나서 자기답게 행동하고 표현하는 것이 아동과 청소년들에게 얼마나 어려운 일인지를 무시하는 것입니다. 인터넷의 발달은, 과거에는 학습이나 접근이 어려웠던 여러 성별에 대해 더 쉽게 접근하고 학습하는 것을 가능케 했으며, 청소년들은 그들과 관련된 것들에 대해 읽을 수 있게 되었습니다.

미디어와 엔터테인먼트에서 트랜스젠더를 긍정적으로 표현하고 그들의 존재와 이야기를 드러내는 일이 많아지면서 트랜스젠더 정체성을 가진 일부 사람들이 더 쉽게 자신의 정체성을 긍정하고 커밍아웃을 할 수 있게 만들었습니다. 이것은 성정체성에 대해 배우는 것이 성별 변화를 야기한다는 걸 의미하는 것이 아니라, 다양한 정체성을 긍정적인 방식으로 보여 주고 설명할 때 아이들이 자신의 진정한 자아를 표현하는 데 더 편안하다고 느낄 수 있다는 점을 의미합니다.

또한 부모나 친척의 입장에서는 어린이나 청소년이 '갑작스럽게' 성정체성을 커밍아웃하는 것처럼 느낄 수 있지만, 아이들에게는 전혀 새로운 것이 아니라 오히려 시간이 지남에 따라 자신에 대해 어떤 식으로든 알아 간 것일 수 있습니다. 일부 청소년은 자기 인식의

퍼즐에서 갑자기 여러 조각이 모여지는 '머릿속에 불이 반짝 들어온' 순간을 느끼는 것처럼 느껴지지만, 이러한 깨달음 또한 그 과정에서 유효한 부분입니다.

💚 "성정체성의 변화는 아이가 '혼란'하다는 것을 의미한다"

성정체성에 대한 개인의 이해와 인식은 시간이 흐르면서 사람이 성장함에 따라 바뀔 수 있습니다. 어린이나 청소년은 자신의 성정체성을 설명하기 위해 다른 단어나 용어를 사용할 수 있으며 시간이 지남에 따라 성별을 표현하는 방식이 바뀔 수 있습니다. 그렇다고 해서 이러한 일련의 이해해 나가는 과정이나 방식들이 가치가 없다는 것을 의미하지 않습니다. 성별에 대한 우리의 사회화를 재학습해 나가는 과정 중 일부는 바로 이러한 변화와 변동에 익숙해지는 것입니다.

💚 "아이들은 알기에는 너무 어리다"

이것은 제가 부모와 가족들로부터 듣는 일반적인 말입니다. 누군가가 저에게 시스젠더 아이에 대해 이런 말을 하는 걸 들어 본 적은 없습니다. 오직 성별이 확장된 아이들에 대해서만 이러한 말을 합니다. 이러한 잘못된 개념은 어디서 왔을까요? 그것은 성별이 확장된 사람들이나 트랜스젠더인 사람들에 대한 무의식적으로 편향된 생각들입니다. 저는 이를 '잠재의식'이라고 칭합니다. 왜냐하면 저는 이러한 오해를 가진 가족 구성원들이 해를 끼칠 의도는 없었다는 것을 알기 때문입니다. 시스젠더 아이들이 어린 나이에 자신의 성정체성을 아는 것에 문제가 없다면, 우리는 성별 확장 또는 트랜스젠더 아이들도 자신의 성정체성을 아는 것에 대해 문제가 없다는 것을 이해하는 것이 중요합니다.

"이건 그냥 일시적인 상태일 뿐이다"

저는 종종 자녀의 성정체성에 대한 고민을 들은 부모들이 이를 자녀가 새로운 취미를 시도하거나, 몇 주 동안 새로운 유형의 음악에 매료되거나, 일반적으로 좋아하지 않는 장르인 새로운 TV 시리즈에 정말로 빠져드는 것과 유사한 상태라며 걱정하는 것을 듣습니다. 부모가 어떤 것이 일시적인 관심인지 아닌지를 이해하고 싶어 하는 것은 이해할 수 있습니다. 제가 함께 일한 수백 명의 어린이와 청소년 중, 사회적 또는 의학적으로 전환한 후 출생 시 지정된 성별로 되돌아간 사람은 한 명도 없었습니다. 어린이든 성인이든 사람들이 자신의 전환 경로를 중단할 때, 앞으로 나아갈 수 없다는 느낌이 그들의 정신 건강에 부정적인 영향을 미쳤습니다. 가끔 초기 성인기 혹은 후기 성인기 내담자들 중에서, 호르몬 치료를 시작한 것을 후회하기 때문이 아니라, 그들의 필요가 바뀌었거나, 성정체성을 표현하고 싶은 방식이 바뀌었기 때문에 호르몬 치료를 중단하기로 결정한 경우는 있었습니다. 청소년기에 무엇이든 새로운 변화에 호기심을 느끼고 경험하고자 하는 상태는 그 종류가 무엇이든 보통 몇 주 또는 몇 달 동안만 지속되는 반면, 성별 위화감과 성정체성에 대한 새로운 인식은 그보다 더 오래 지속됩니다.

💬 "저는 내 아이들이 어떤 것이든 영구적인 걸 하길 원하지 않아요"

부모와 가족 구성원은 사랑으로 자녀를 돌보고 싶어 하며 아이들이 장기적인 결정을 내릴 수 없다고 배워 왔습니다. 여기에는 아이들이 이해하기 어려울 수 있는 일들로부터 보호하고자 하는 갈망이 깔려 있습니다. 어린이를 위한 성별 위화감 치료는 영구적이지 않습니다. 사춘기 차단제(puberty blocker)는 일시적이며, 중단되면 사춘기의 2차 성징은 중단된 부분부터 다시 이어집니다. 아이들은 새로운 이름과 인칭대명사를 사용할 수 있으며, 원하는 경우 자신의 성정체성과 더 잘 일치하도록 옷차림과 머리 스타일을 바꿀 수 있습니다. 자녀가 어떤 용어가 자신을 가장 잘 설명하고, 어떤 이름과 인칭대명사로 불렸을 때 가장 듣기 좋은지를 알아낼 기회를 가질 수 있게끔, 이러한 활동들을 존중함으로써 적극적으로 지지하고 긍정할 수 있습니다. 만약 당신의 아이가 몇 가지 다른 이름을 시도한다면, 그로 인해 야기되는 피해는 무엇인가요? 사춘기 억제(pubertal suppression)가 자녀가 느끼고 경험하는 것에 대해 배울 수 있는 더 많은 시간을 확보할 수 있다면, 그것은 당신의 가족에게 정말 좋은 일이 될 수 있습니다.

기억해 두기

- 다양한 성별은 항상 존재해 왔습니다. 성 특성의 다양성은 인간, 동물, 식물 전체에서 자연적으로 발생합니다.
- 한 사람의 성정체성을 설명하는 많은 용어가 존재합니다. 같은 용어가 서로 다른 두 사람에게 의미하는 것에는 뉘앙스나 약간의 차이가 있을 수 있습니다.
- 우리 대부분은 성정체성, 표현, 성역할에 대해 심하게 사회화되어 왔으며, 이러한 메시지를 배우지 않기 위해서는 헌신과 연습이 필요합니다.
- 사람들은 다양한 방식으로 성별 위화감을 경험할 수 있으며, 모든 사람의 성별 전환은 독특합니다.
- 시스젠더와 젠더 확장 아동은 자기 자신, 자신의 성정체성, 그리고 자신의 성별을 표현하는 방법을 알 수 있습니다.
- 성정체성은 내면 깊이 느껴지는 것으로 자신 외부의 다른 사람에 의해 창조되거나 영향을 받을 수 없습니다.

제2장

당신, 당신의 자녀, 그리고 성정체성

이 장에서는 자녀 및 양육과 관련된 성정체성을 고려할 것입니다. 우리는 성정체성 발달, 성별 확장 행동, 그리고 성정체성을 긍정하는 부모가 되는 방법에 대해 생각해 볼 것입니다. 우리는 당신의 아이를 온전한 자아를 가진 자기로 존중하고 축하하는 방법을 탐구할 것입니다. 이러한 작업은 우리에게 제2부와 제3부의 전략을 실행하는 데 사용할 수 있는 기반을 제공할 것입니다.

아이들이 성정체성을 발달시킬 때

아이들은 언제부터 성별의 개념을 이해하고 자신의 성정체성을 확고히 하기 시작할까요? 아이들은 '소년'이나 '소녀'가 무엇을 의미하는지 알고 태어나지 않습니다. 다이앤 에렌사프트(Diane Ehrensaft)가 개발한 성별 긍정 모형(Gender Affirmative Model: GAM)은 아이들이 어떻게 성정체성을 발달시키는지 이해하고, 진정한 자기가 되어 가는 과정이 전반적인 안녕감으로 이어진다는 것을 인식하도록 도와줍니다. GAM은 어떤 성정체성도 병적이거나 비정상적이지 않다고 명시하고 있습니다. 성정체성과 표현은 문화적으로 독특할 수 있으며 전 세계적으로 다를 수 있습니다. 현재 연구에 따르면 성별은 문화적 맥락 내에서 생물학, 개인 발달 및 사회화의 요인을 포함합니다. 성별은 유동적일 수 있고 시간이 지남에 따라 바뀔 수 있으며, 성별이 확장된 아이들이 경험하는 고통은 일반적으로 아동에 대한 사회의 오해 또는 성정체성에 대한 부정적인 반응과 관련이 있습니다. 아이가 성정체성을 갖게 되는 과정은 유전학, 내적 인식/과정, 그리고 사회적 메시지 관찰의 조합의 결과일 수 있습니다. 즉 생득적인 것, 양육, 그리고 문화가 서로 얽혀 있습니다. 대부분의 아이는 2, 3, 4, 또는 5세경에 자신의 성정체성과 관련된 내용들에 대해서 소통 가능합니다. 아동의 성정체성에 대한 명확성은 모든 연령대에서 발생할 수 있습니다. 만약 사춘기의 변화가 일어난다면, 이러한 변화는 청소년이 자신의 성정체성과 지정된 성별에 불일치가 있다는 것을 깨닫게 할 수 있습니다. 이것은 사춘기의 변화를 경험하는 시기에 트랜스젠더 또는 논바이너리로 커밍아웃하는 청소년이 증가하는 이유 중 하나입니다.

태너 단계(The Tanner Stages)는 소아과 의사이자 아동발달 연구자인 제임스 태너(James Tanner) 박사가 개발한 이론인데, 이는 사춘기 신체 발달의 단계를 설명합니다. 태너 2단계는 호르몬이 음모 성장, 유방 발달 또는 월경 시작, 고환 성장과 같은 변화에 대한 신호를 신체에 보내기 시작하는 시기를 지칭합니다. 태너 3단계는 이러한 신체적 변화가 더욱 뚜렷해질 때입니다. 음모가 두꺼

워지고, 키가 크고, 엉덩이와 허벅지와 같은 부위의 지방이 증가할 수 있으며, 목소리 변화가 발생하고, 여드름과 땀이 증가할 수 있습니다. 이러한 신체적 변화는 성별이 확장된 아이들에게 성별 위화감 또는 이에 대한 인식을 유발하기 시작할 수 있습니다. 즉, 더 이른 시기보다, 태너 2단계나 3단계에서부터 자신의 성정체성에 대해서 이야기하기 시작할 수 있습니다. 『성별 긍정 모형(The Gender Affirmative Model)』 책 저자이자 저명한 연구자인 콜트 케오-마이어(Colt Keo-Meier)와 다이앤 에렌사프트는 이것을 '커밍아웃' 전에 일어나는 '단서'라고 부릅니다. 다른 발달 이정표와 마찬가지로, 모든 아이가 같은 나이에 성정체성을 발달시키는 것은 아니며, 이는 정상입니다!

출생부터 4세까지

1세에서 2세 사이의 아이들은 '소년' 또는 '소녀'로 분류된 사람들의 신체적 차이를 인식합니다. 이러한 인식은 아동이 정기적으로 노출되는 성별 표시, 표현 및 언어의 유형에 의해 영향을 받습니다. 3세경에, 아이는 종종 자신을 '여자' 또는 '남자'로 분류할 수 있습니다. 아이가 태어날 때부터 부모로부터 성별을 지정받지 않았다면, 그들은 "나는 그냥 나야" 혹은 "나는 소녀나 소년이 아닌 거 같아"와 같은 말을 계속할 수 있습니다. 만약 아이들이 태어날 때부터 성별이 지정되지 않았다면, 그들은 또한 자신을 '소녀' '소년' '논바이너리' 또는 다른 것으로 인식할 수 있습니다. 아이가 여러 성별에 대해 배우지 못했고 다양한 성별을 가진 사람들을 알지 못함에도 불구하고 일부 어린이는 여전히 주변 성인에게 논바이너리 정체성을 전달하려고 시도하는 방법을 찾겠지만, 대부분은 그 나이에 자신을 '소녀' 또는 '소년' 이외의 것으로 분류하는 것이 어려울 겁니다. 4세가 되면, 아이는 주변에 있는 많은 사람에게, 성별은 일정한 무엇인가라는 점을 깨닫게 됩니다. 이 시점에서는 아이의 성별이 시스젠더이든 성별 확장이든 아이의 성별은 안정적일 수 있습니다.

성정체성 관련해서 모든 가능성에 대한 선택과 긍정적인 메시지가 주어지면, 대부분의 어린아이는 성정체성에 관계없이 모든 종류의 옷, 장난감, 다양한 성별의 역할을 가지고 놀 것입니다. 노는 것은 아이가 다른 성별이 '되고' 싶어 하는 것과는 다릅니다. 성정체성이 자신의 지정된 성별과 일치하지 않는 아이들은 자신의 성별을 탐구하는 어린아이들의 전형적인 놀이에 참여하는 아이들과는 다르게 나타납니다. 예를 들어, 태어날 때 여성으로 지정된 아이가 자신을 소녀가 아닌 소년으로 묘사하거나, 고정관념적인 옷을 거부하거나, 서서 오줌을 싸려고 시도할 수 있습니다. 태어날 때 남성으로 지정된 아이가 자신을 소녀로 묘사하거나, 소년이 아니라고 묘사하거나, 소녀로 자라는 것에 대한 관심을 표명하거나, 고정관념적인 옷을 거부하거나, 음경이 사라지기를 원한다고 표현할 수 있습니다.

💬 4세부터 6세까지

이 연령대의 아이들은 성인이 의도적으로 전달하거나 말로 표현한 생각과 행동뿐만 아니라 비언어적인 메시지, 표정, 감정, 그리고 무의식적으로 드러나는 행동까지도 습득합니다. 그들은 인생에서 중요한 어른들이 받아들일 수 있고 좋다고 생각하는 것을 하고 싶어 하며, 어떤 유형의 행동과 말이 보상을 받는지에 민감합니다. 이 나이대의 아이들은 종종 어른들이 생각하는 것보다 일어나고 있는 일들을 더 잘 알고 있습니다. 그들은 존재하는 성별 '틀'을 이해하기 시작하고 그들이 목격한 틀 밖으로 이동함으로써 '나쁜' 것으로 보이고 싶지 않습니다. 시스젠더 아이들은 자신의 성별을 표현하는 방법에 대한 기대가 있다는 것을 깨달을 수 있습니다. 성별이 확장된 어린이와 시스젠더 어린이는 모두 성인과 또래의 적극적인 지지와 긍정 행동을 통해서 자신에 대해서 좋게 느끼는 방식으로 자신의 성별을 표현하는 걸 좀 더 편안해할 수 있습니다.

💬 6세에서 10세까지

이 나이대 아이들은 그들이 가진 신체의 가능성에 대한 마법 같은 생각을 잃기 시작하고, 성정체성은 더욱 일정해질 수 있습니다. 그들은 특히 자신의 성정체성이나 표현이 긍정되지 않는 경우, 더 은밀한 사적인 생각, 감정 및 행동을 가질 수 있습니다. 이전에 보인 성정체성이나 유동성에 대한 직접적인 표현이나 소통을 중단한다고 해서 감정이 사라졌다는 의미는 아니며, 아이가 부정적인 반응이나 비판을 받아 이제부터는 숨기거나 억압하려는 것일 수 있습니다.

어떤 아이들은 이 나이에 사춘기의 초기 단계를 시작할 것입니다. 이것은 일부 아이들이 사춘기 차단제를 시작하기에 적합할 수 있는 나이입니다. 사춘기 차단제는 2차 성징 발달이 시작되면 추가 발달을 예방하기 위해 사용되는 약물입니다. 이러한 약물은 항상 조기 사춘기를 지연시키기 위해 어린이에게 사용되어 왔으며, 성별이 확장된 아동과 그 가족에게 아동의 성정체성을 파악할 시간을 주고, 성정체성에 맞지 않는 사춘기를 견디지 않도록 필요한 전환 단계를 밟을 수 있도록 하기 위해 사용되었습니다. 이러한 약물 사용은 일시적이므로, 만약 약물 복용을 중단하면 사춘기는 재개됩니다. 다른 대안으로는, 만약 적절한 그다음 단계로 결정되었다면, 아이들은 성별 확정 호르몬 치료를 시작할 수 있습니다.

♡ 초기 청소년기와 그 이후

초기 청소년기의 아이들은 부모/보호자, 또래, 그리고 자아로부터의 사회적 압력 사이의 상호작용을 경험하고 있습니다. 그들은 가족이 가르친 가치와 신념을 이어갈 수도 있고, 아니면 좀 더 또래 지향적인 청소년들은 깊은 고려 없이 친구의 가치와 신념을 채택할 수 있습니다. 만약 청소년들이 대부분의 시간을 고정관념적이고 성별 이분법적인 환경에서 보낸다면, 그들은 고정관념적이고 이분법적인 성별 행동을 보일 가능성이 더 높습니다. 그러나 이러한 과장된 행동들은 점점 후기 청소년기로 갈수록 대부분 감소합니다.

2011년 연구에 따르면 사춘기, 싹트는 성욕, 그리고 자신의 성정체성이 존중받는지 여부 등은 모두 10세에서 13세 사이에 경험할 수 있는 성별 위화감의 정도에 영향을 미치는 주요 요인들입니다(Steensma et al., 2011).

청소년기 내내, 자신의 성정체성에 대한 자기 긍정은 성장하고 강화될 수 있으며 외부 검증에 덜 의존할 수 있습니다. 최근 몇 년 동안, 후기 청소년기는 '초기 성인기(emerging adulthood)'로 확장되었습니다. 경제적인 독립은 이전 세대보다 더 오래 걸리며, 청년은 자신의 모든 정체성을 충분히 고려하고 그들에게 가장 좋은 것을 찾을 수 있는 시간이 더 많다는 것을 알게 될 것입니다. 이것은 현재까지 가장 큰 규모의 미국 트랜스젠더 연구에서 초기 성인기 사람들의 58%가 직업이나 가정을 시작하기 전, 16세에서 25세 사이에 자신의 성정체성을 공개했다고 말한 이유 중 하나일 수 있습니다(James et al., 2016). 대학과 같은 지원 환경이나 기회에 접근하지 못하는 것은 청년의 자기 인식과 긍정으로 가는 길을 방해할 수 있습니다. 이것은 흑인, 원주민 및 기타 유색인종 청소년뿐만 아니라 빈곤층 및 노동계급 백인 청소년에게 불균형적으로 영향을 미칠 수 있습니다.

> ### 성정체성 대 성별 표현
>
> 성정체성은 개인의 내면에서 느끼는 성별 감각입니다. 성별 표현은 누군가가 옷, 머리 스타일, 액세서리, 매너리즘, 움직임, 목소리 등을 통해 자신의 성별을 표현하는 방식입니다. 이 두 가지는 분리되어 있고 때로는 겹치거나 정렬됩니다.
>
> 성정체성이 안정적일 때에도 사람의 성별 표현은 변화하고 변동할 수 있습니다. 예를 들어, 트랜스남성인 사람은 때때로 팜므(여성)인 성별 표현을 가질 수 있고, 때로 매우 남성적이거나 때때로는 혼합될 수도 있습니다. 그것은 트랜스남성으로서의 그들의 성정체성이 변화하고 있다는 것을 의미하지 않습니다. 단지 그들의 성별 표현일 뿐입니다. 또 다른 예는 '부치(butch)' 또는 '톰보이(tomboy)'(즉, 남성적이거나 소년적인) 성별 표현을 가질 수 있는 시스젠더 소녀입니다. 트랜스여성도 '부치' 성별 표현을 가질 수 있습니다. 시스젠더 소년도 양성적인 성별 표현을 하거나 광택을 낸 손톱이나 치마를 입는 등의 행동을 즐길 수 있습니다. 개인은 다양한 방식으로 자신을 표현할 수 있고 특정 성정체성에 대한 사회적 기대에 제약받지 않는 자유를 원할 수 있습니다.

어떻게 아이들이 자신의 성정체성을 표현할까

아이들은 자신의 성정체성을 다양한 방식으로 표현할 수 있습니다. 그들은 머리 스타일이나 옷차림, 별명이나 선호하는 이름, 버릇, 비언어적 제스처와 몸을 움직이는 방법, 사회적 관계에서 관계를 맺는 방법 등을 사용할 수 있습니다. 앞서 언급했듯이, 우리는 아동의 성정체성을 성별 표현이나 실험적인 행동만을 근거로 가정할 수 없습니다. 우리는 일반적으로 성별에 대한 대화를 해 볼 수 있으며, 아이들이 많은 성별이 있다는 것을 알고 시스젠더 소년이나 소녀들도 다양한 방식으로 성별을 표현하도록 할 수 있습니다. 우리는 우리 아이가 시스젠더가 아닐 수도 있다는 것을 이해할 수 있고, 이것은 정상이고 괜찮습니다.

성별 확장 행동

성별 확장 행동(gender-expansive behaviors)은 놀이 중에 다른 성별의 역할을 맡거나, 다른 이름을 선택하거나, 다른 성별로 식별하거나, 출생 시 지정된 성별이 아닌 다른 성별과 관련된 옷이나 액세서리를 착용하는 등 다양한 형태를 취할 수 있습니다. 이는 성인이 되었을 때 가슴이 커지는 것에 대해 이야기하거나(남자로 성별이 지정된 아이인 경우), 어떤 때는 여자이고 어떤 때는 남자라고 설명하거나, 출생 시 지정된 성별과 관련된 일들을 하도록 요청받거나 강요받을 때 겉으로 화를 내거나(혹은 조용히 고립되거나), 일반적으로 다른 성별과 관련된 방식으로 활동이나 놀이를 하는 등의 모습을 보일 수 있습니다.

만약 당신의 아이가 성별 확장 행동을 보인다면, 당신은 지지적이고, 존중하며, 격려하는 방식으로 대응할 수 있습니다. "나는 네가 옷 가게에서 고른 그 드레스가 마음에 들어!" "오늘 내가 너를 예은이라고 부르기보다 민준이라고 불렀으면 하는 거지? 알았어.

민준아!" "너는 그 아기 인형을 잘 돌보고 있어?" "오, 너 막내 삼촌이 면도하는 거 봤을 때와 같은 방식으로 얼굴 면도 연습을 하고 있구나." 이러한 순간 중 일부를 활용하여 모든 성별과 성별 표현을 정상화하고 검증할 수 있습니다. "소녀, 논바이너리인 사람, 소년 누구나 입고 싶은 걸 입고 하고 싶은 걸 할 수 있습니다."

자녀의 진정한 자아를 포용하기

제가 알고 이야기하는 대부분의 부모는—그리고 저도 부모가 되었으니 훨씬 더 깊이 이해하게 되는 것은—아이들이 성장하고, 배우고, 더 활짝 꽃피우면서, 자신이 누구인지에 대해 지지받기를 원한다는 것입니다. 부모와 보호자는 자녀가 사랑과 배려를 실천하는 공동체의 일원으로 성장하고, 충만한 삶을 살아갈 수 있도록 필요한 것을 제공하기 위해 많은 시간과 에너지를 쏟습니다. 아이들은 자신의 모든 면에 대해서 이러한 적극적인 지원을 제공할 부모와 보호자가 필요합니다. 더욱이, 아이들은 "너란 존재는 모든 면에서 특별하고, 독특하고, 훌륭해"라는 메시지를 받기 위해, 그들의 존재의 모든 면에 대해서 적극적으로 축하받는 것을 느낄 필요가 있습니다. 이것은 당신의 아이가 다른 아이들보다 더 독특하고 특별하다는 메시지를 주는 것이 아니라, 그들이 있는 그대로 훌륭하다는 메시지를 주는 것입니다. 이러한 메시지를 자녀와 공유하는 것은 자녀들이 점점 강하고 확신이 있는 자기 감각을 발전시켜 나가는 과정에서 매우 중요합니다.

　상담사로서, 제 작업의 대부분은 어린 시절의 거부감의 상처, 또는 자라면서 부모나 가족 구성원으로부터 흡수한 자신의 일부 측면에 대한 부정적인 신념을 다루는 성인에 초점을 맞추고 있습니다. 부모 또는 보호자로서, 당신은 의식적으로 자녀와 함께 사용하는 말, 행동 및 태도에 주의를 기울이려고 노력할 수 있으며, 특정 주제를 피하고 싶어 하는 충동에 주의를 기울일 수 있습니다. 당신은 의도적으로 당신의 아이가 어떤 사람이 될 것인지에 대한 기대를 좀 내려놓을 수 있고, 순간순간 그들이 누구인지에 대한 즐거운 수용을 연습하고 실천하도록 도울 수 있습니다. 특히 유색인종 부모에게는 부모로서 관리해야 할 두려움이 많지만, 자녀가 어떤 사람인지, 나와 어떻게 다를지, 내가 상상했던 모습과 어떻게 다를지 호기심을 가지고 상황에 대응하기 위해 노력할 수 있습니다. 우리는 가능한 한 두려움을 버리는 연습을 선택할 수 있고, 좀 더 유연한 환경에서 양육을 할 수 있으며, 자녀가 자신만의 독특함을 지닌 사람으로 성장하는 데서 기쁨을 찾을 수 있습니다.

　우리 아이의 진정한 자아를 적극적으로 포용하기 위해, 우리는 단순히 아이가 다른 활동이나 외모를 시도하도록 허용하는 것 이상으로 나아가야 하며, 다양한 가능성을 적극적으로 독려해야 합니다. 그 지점이 바로 성숙한 양육이 적용되는 지점입니다. 즉, 우리는 모두 자녀의 자기 인식의 성장과 발달을 조력하길 원하며, 따라서 우리는 우리 아이들에게 머리 스타일, 옷차림, 취미, 관심사, 그리고 자신이 불리고 싶은 인칭대명사를 선택할 수 있다는 지식 등에 대한 폭넓은 선택지가 제공되길 바랍니다. 만약 우리가 다른 아이들이 '여자아이들이 하는 것'이나 '남자아이들이 좋아하는 것'에 대해 논쟁하는 것을 듣는다면, 우리는 아이들이 다른 가능성에 대해 생각하게 하거나 그러한 가정에 부드럽게 도전하는 질문을 던질 수 있습니다. 유아기에는 또래의 영향력이 존재하긴 하지만, 부모와 보호자가 자녀와 공유하는 세계관이 가장 중요합니다. 때때로 어른으로서 우리는 우리 아이들이 우리가 알고 있는 것을 알고 있거나 우리의 가치를 이해할 것이라고 가정하지만, 때로 우리가 이러한 문제들에 대해서 말로 분명히 표현하고 또한 모범이 되도록 보여 줄 필요가 있습니다.

성별 긍정 부모 되기

'성별 긍정 모형'이라는 용어는 성별 '변화' 또는 '재할당'을 언급하는 이전 용어와 구별하고 회복 및 전환 치료의 신념과 뚜렷이 구분하기 위해 2000년대에 더 널리 사용되기 시작했습니다. 성별 긍정 모형은 어떤 의학적 개입으로도 성별이 변하지 않는다는 것을 반복하여 강조합니다. 오히려, 진정으로 느껴지는 성별은 단순히 신체를 그 성별과 더 일치하는 방식으로 정렬함으로써 확인되고 있습니다. 성별 긍정 모형은 모든 인간이 어떤 방식으로든 자신의 성정체성을 표현할 수 있는 기본적인 권리가 있으며 성별 확장은 '고쳐야' 하는 문제가 아니라는 믿음에 뿌리를 두고 있습니다. 성별 긍정 모형은 시스젠더, 트랜스젠더, 성별 확장자 등 모든 사람이 고정관념과 기대에 구애받지 않고 자유롭게 자신이 될 수 있는 환경을 조성합니다. 이 접근법은 우리 모두에게 좋습니다!

앞서 언급했듯이, 아이들은 비언어적 단서, 정서적 에너지, 부모의 행동을 포착하고 그로부터 결론을 도출합니다. 따라서 부모가 성별을 긍정하는 행동을 모델링하고 모든 정체성을 축하하는 것이 매우 중요합니다. 아이가 이러한 믿음의 부재를 느끼거나 부모로부터 다양한 성별 표현에 대한 부정적인 감정을 느낀다면, 그 아이가 자신이 되는 것이 훨씬 더 어려울 수 있습니다. 같은 맥락에서, 시스젠더 아동은 트랜스젠더 또는 성별이 확장된 사람들에게 부정적인 감정이나 메시지를 흡수할 수 있으며, 다른 사람들에게 상처를 주는 행동으로 이어질 수 있는 편견을 키울 수 있습니다. 자녀가 성별이 확장된 사람의 메이크업, 페이드컷(머리카락의 옆면과 뒷부분이 두피에 가까워지게 짧아지는 남성 머리 스타일) 또는 멋진 손톱을 칭찬하는 것을 듣게 하세요. 자녀가 당신이 성별을 다른 방식으로 표현하는 것을 보게 하세요. 당신의 언어를 스스로 들어 보고 더 포용적으로 수정하려고 노력하세요. 예를 들어, "남자 어린이, 여자 어린이 친구들, 안녕!"이라는 말 대신, "친구들, 안녕!"을 시도해 보세요. "저기 롤러스케이트 타는 여자애 좀 봐"라고 말하기보다 "저 롤러스케이트 타는 사람을 좀 봐"로 바꿔 보세요. 이런 상황에서, 당신의 아이는 우리가 낯선 사람의 성별은 단순히 외적으로 보이는 것만으로는 모른다는 것을 배울 수 있습니다. 자녀에게 물어보세요. "내가 너를 내 딸로 소개할까? 아니면 내 애/아이라고 소개할까?" 이러한 접근은 자녀들이 어떻게 불리고 싶은지 선택할 수 있다는 점을 가르칩니다. 자녀가 스스로 다른 인칭대명사를 사용할 수 있다는 것을 일찍부터 알려 주세요. "안녕하세요. 제 이름은 ○○이고 제 인칭대명사는 ○○(예: 그 혹은 그녀/그 사람)입니다"라고 말함으로써 새로운 사람에게 자신을 소개하십시오. 이러한 언어 습관의 변화는 자녀가 성장할 수 있는 성별 긍정 환경을 만드는 데 큰 도움이 됩니다.

해야 할 행동

- 자신의 성정체성과 자라면서 지정받은 성별에 대한 메시지를 생각해 보세요. 자녀가 자신의 성별을 생각해 볼 수 있도록 하기 위해 당신이 취할 수 있는 조치는 무엇인가요? 성정체성과 표현에 관한 어떤 메시지를 자녀에게 전달하고 싶나요?
- 자신의 사회적 관계망/인간관계들을 평가해 보세요. 이 관계들이 모든 성정체성과 표현을 가진 사람들을 포함하나요? 그렇지 않다면, 자녀가 모든 성별과 다양한 표현의 사람들을 알 수 있도록 그 관계망을 넓히기 위해 어떤 조치를 취할 수 있을까요?
- 가족과 함께 성별에 개방된 언어를 사용하는 연습을 하세요. 당신이 무엇을 연습하고 있는지 그리고 왜 하는지 모두에게 알려 주세요. 가족 구성원들은 새로운 포용적인 말이나 실천 방법을 제안함으로써 서로를 도울 수 있습니다.
- 시스젠더라고 생각하든 그렇지 않든, 모든 아이를 위한 다양한 의류, 장난감 및 활동 선택지를 제공하세요. 예를 들어, 남성으

로 지정된 아이와 다른 자녀들에게 스커트, 클립 온 귀걸이, 무지개, 하트 또는 꽃무늬가 있는 셔츠, 스파게티 스트랩 탱크 탑, 반짝이가 있는 옷들을 가질 수 있게 하고, 뭐가 되었든 자기가 입고 싶은 걸 입어도 된다는 점을 알려 주세요. 여성으로 지정된 아이에게는 풋볼, 잔디 깎기, 렌치와 같은 공구 사용하기, 불 피우기 등 남성으로 지정된 자녀에게 가르치고자 했던 것들을 같이 가르치세요.

★ 자녀가 자신을 표현하거나 성별 고정관념을 벗어난 활동에 참여할 때 다른 아이들로부터 접할 수 있는 비판이나 놀림에 대응할 수 있는 방법을 준비시키세요.

★ 자녀와 함께 TV 프로그램과 영화를 시청하고 성별 고정관념을 조장하거나 조장하지 않는 방식, 그리고 여러 성별이 표현되는지 아닌지에 대해 이야기해 보세요.

하지 말아야 할 행동

★ 자녀가 문화적 규범 밖에서 성별을 표현하거나 다른 성정체성을 전달하여 관심을 끌기 위해 노력하고 있다고 가정하지 마세요.

★ 단순히 자녀에게 자신이 원하는 사람이 될 수 있다고 말하거나 원하는 방식으로 자신을 표현할 수 있다고 말하는 것만으로 이미 과하게 성별 이분법적이고 고정관념적인 사회적 규범의 균형을 맞추기에 충분하다고 생각하지 마세요.

★ 또래나 부모가 누군가의 성정체성을 '만들' 수 있다고 믿지 마

세요.

★ 자녀가 다양한 외모, 버릇 또는 활동을 탐색하지 못하도록 설득하지 마세요. 이것은 성인기까지 이어지는 깊고 오래 지속되는 수치심을 만들 수 있습니다.

★ 어린이와 청소년들이 성정체성을 갖기에는 너무 어리다는 오해에 빠지지 마세요.

★ 아이들이 성장하고 배우면서, 그들의 정체성의 모든 측면에 대한 이해도 새로운 방식으로 발전할 수 있다는 것을 잊지 마세요. 표현 방식, 정체성의 이름 또는 명칭이 결과적으로 바뀌거나 변경될 수 있습니다.

★ 성별 위화감을 사춘기 2차 성징에 대한 전형적인 시스젠더 감정과 혼동하지 말고, 청소년에게 변화하는 몸을 '받아들이고 사랑하기만 하면 된다'고 말하지 마세요. 예를 들어, 사춘기에 접어든 시스젠더 소녀는 브래지어를 선택하는 것에 대해 설레고 새로 자란 가슴이 관심을 끄는 것에 대해 불편할 수 있습니다. 사춘기에 접어든 트랜스남성 청소년은 새로 자라는 가슴이나 가슴이 더 자랄 수 있다는 생각에 혐오감을 느끼거나 공포를 느낄 수 있습니다. 이것들은 매우 다른 사춘기 경험에 기반한 서로 다른 감정입니다. 하나는 성별 부적합과 관련이 있고 다른 하나는 그렇지 않습니다.

기억해 두기

- 성정체성 발달은 과정이며, 모든 어린이에게 적용되는 정확한 시기는 없습니다.
- 성정체성과 성별 표현은 서로 다른 두 가지입니다. 시스젠더와 트랜스젠더 아이들 모두 성별 표현의 여러 스펙트럼을 가질 수 있습니다.
- 연구 결과에 따르면 성정체성과 표현을 포함한 아동의 진정한 자아를 축하하는 것이 어린이, 청소년 및 성인에게 더 나은 정신 건강 결과를 창출한다는 점은 분명합니다.
- 부모와 보호자는 자녀를 위해 가능한 한 가장 옹호적이고 긍정적인 환경을 조성하기 위해 성정체성과 표현에 대한 기존의 사회적 '규칙'과 '규범'을 다시 재검토하고 학습하지 않도록 적극적으로 노력할 수 있습니다.
- 대부분의 부모는 현재의 문화적 규범보다 더 넓은 방식으로 성별을 표현하는 경우 자녀의 안전에 대해 약간의 우려를 가지고 있습니다. 이것은 특히 좀 더 여성스러운 방식으로 표현하는 청소년에게 해당됩니다. 유색인종 가정은 안전에 대해 더 걱정할 이유가 있을 수 있습니다. 자녀를 긍정하고 위험을 고려하여, 안전에 대한 대화를 나누고, 안전 계획에 참여할 수 있는 방법이 있습니다. 자녀가 자신의 성별을 광범위한 방식으로 표현하기를 원하는 다른 가정과 연결하는 것은 이에 대한 지원뿐만 아니라 이러한 요소를 탐색하는 데 더 많은 경험을 가진 사람들로부터 아이디어와 여러 방법을 얻을 수 있습니다.

제2부

기본적인 부모 역할 전략

저는 일과 개인 생활에서 자녀의 성별을 긍정하고 옹호하고 싶지만 어떻게 해야 할지 잘 모르겠다는 것을 인정하는 부모를 많이 만났습니다. 제2부에서는 모든 성별과 성별 표현을 더 긍정하기 위해 몇 가지 기본적인 부모 역할 전략을 검토할 것입니다. 이러한 전략은 시스젠더, 성별 확장, 트랜스젠더 등 모든 아동의 부모를 위한 것입니다. 분명 당신이 취할 수 있는 행동이나 바꿀 수 있는 행동에 대한 예시와 제안이 있을 것입니다.

제3장

진정한 자기 되기

은정은 4세 쌍둥이인 민준과 지훈의 엄마입니다. 자라면서, 은정은 여성과 '부인'이 된다는 것이 무엇을 의미하는지에 대한 교육을 받았습니다. 그녀의 삶의 롤모델들은 매일 화장을 하고, 신중하게 고른 옷을 입고, 아이들, 연로한 가족 구성원, 그리고 도움이 필요한 이웃이나 지역사회의 사람들을 돌보는 역할을 맡았습니다. 은정은 후기 청소년기와 초기 성인기까지 이러한 가치관을 가지고 살았습니다. 그녀는 매일 외모와 몸단장에 많은 신경을 기울였고, 때로는 자신의 건강과 관심사를 제쳐 두고 다른 사람들을 돌보았습니다.

지난 몇 년 동안, 은정은 어린 시절부터 보아 온 습관적인 방식으로, 또는 소위 올바른 방식으로 해야 할 일을 의무적으로 하는 느낌으로 자신의 성정체성과 표현을 한다는 것을 깨달았습니다. 전환점이 된 것은, 지훈이 어느 날 엄마인 은정에게 한 말이었습니다. "엄마, 저는 엄마가 그 화장을 하기 전 얼굴이 좋아요." 점점 커지는 자기 인식을 통해 그녀는 가끔 화장하는 것을 좋아하지만 매일 화장을 하고 싶지는 않는다는 것을 깨닫게 되었습니다. 그녀는 또한 겨드랑이, 다리, 그리고 사회가 여성에게 '매력적이지 않다'고 말하는 털들을 제거해야 할 의무감을 느끼고 싶지 않았습니다. 게다가, 은정은 자신의 취미와 관심사를 통해 자신과의 관계를 발전시키는 것을 놓쳤다는 것을 깨달았습니다. 그녀는 다른 사람들을 돌보는 책임에서 벗어나 그녀 자신이 되고 싶었습니다. 은정은 십대 초반에 키웠던 사진에 대한 흥미를 다시 불태웠습니다. 그녀는 자신의 타고난 재능이 여전히 있다는 것을 알았고 사진은 그녀의 삶에 재미와 의미를 더했습니다. 그녀는 또한 어렸을 때 과학을 잘했지만 과학 관련 진로를 고려해 보라는 지지를 받지 못했다는 것도 알게 되었습니다. 은정은 지금은 과학 분야에 대해서 스스로 어떻게 느끼는지 알아보기 위해 2년제 대학의 몇 가지 수업을 등록했습니다. 그녀는 그녀가 수년 동안 도와준 이웃과 가족들에게 양육에 대한 도움을 요청할 수 있었습니다.

 시간이 지나면서, 은정은 더 자유롭고 온전한 자신이 될 수 있다고 느꼈습니다. 그녀는 화장을 하지 않는 날에 더 편안해졌고, 캐주얼한 옷을 입는 것이 더 편안해졌고, 특정 달이나 계절에 기분이 어땠는지에 따라 체모를 기르기도 했다가 왁싱하기도 했습니다. 은정은 민준과 지훈에게 모든 성별의 사람들의 체모와 수염이 어떻게 자라는지, 그리고 성별에 상관없이 모든 사람이 그것을 제거할지 여부를 선택할 수 있는지에 대해 이야기했습니다. 그녀는 모든 몸이 아름답다고 말하고 스스로 그것을 믿는 것에 대해 더 자신감을 느꼈습니다. 다른 사람들이 그 가치를 보지 못하거나 그녀의 관심사를 이해하지 못하더라도, 자신이 좋아하는 일을 하면서 시간을 보낼 수 있도록 허락하는 것은 그녀의 삶에 기쁨을 더했고, 아이들이 언제라도 관심을 보이는 모든 것에 대해 더 잘 지원할 수 있게 되었습니다.

실천해 보기

우리는 우리 아이들과 함께 자기 성찰을 실천하고, 성별 표현의 자유를 존중하며 개방적이고 진솔한 모습을 보여 줄 수 있습니다. 우리 아이들의 성정체성 발달을 격려하는 것은 우리 스스로 그 일을 하지 않고는 어려울 수 있습니다. 우리의 성정체성, 우리가 그것을 표현하고 싶은 방법, 그리고 그것이 우리의 삶에서 바뀌었는지 아닌지에 대해 깊이 생각해 보는 것은 우리의 안녕감에 대한 감각을 풍부하게 할 수 있습니다. 보호자로서 우리에게 더 많은 만족과 기쁨으로 이어지는 것들은 우리가 더 충만하고 더 온전한 곳에서 양육할 수 있도록 하기 때문에, 당연히 우리 아이들에게 도움이 됩니다.

당신 자신의 성정체성과 표현을 성찰해 보세요. 당신 자신의 성정체성 발달 과정에 대해 생각해 보세요. 어땠나요? 당신은 당신의 성별에 대해 무엇을 배웠나요? 당신은 지정된 성별 때문에 당신이 좋아하거나 좋아하지 않는 방식으로 대우받았나요? 지정된 성별 때문에 참여하지 못하게 된 경험이나 관행이 있었나요? 식민지화나 제국주의 이전의 성별에 대한 견해와 가르침과 같이, 자신의 인종/민족적 배경과 과거와 현재의 성별에 대한 문화적 견해에 대해 무엇을 알고 있나요? 이러한 질문들은 자기 자신의 고유한 과정과 정체성 형성에 대해 더 깊은 이해하는 영양분이 될 수 있습니다. 당신은 지금 당신의 성별에 대해 어떻게 느끼는지 그리고 자신에 대해 배울 수 있는 새로운 것들이 있는지 생각할 수 있습니다.

만약 당신이 제약이 있다고 느꼈다면, 당신의 성정체성이 무엇이든 당신의 성별 표현에서 더 자유로워지기 위한 조치를 취하세요. 자신을 표현하고 싶은 방법, 즉 행동하고, 소리를 내고, 움직이고, 옷을 입고 싶은 방식이 있나요? 실험하기에 가장 안전하다고 느끼는 곳에서 시작하여 자신감과 안정감을 얻은 후 그 공간에서 바깥쪽으로 이동하면서 단계적으로 시도해 보는 것을 고려해 보세요.

아이들과 개방적이고 솔직한 대화를 나누세요. 그들이 진짜, 진정한 당신을 보게 해 주세요. 아이들은 종종 우리 어른들이 인정하는 것보다 더 많은 개념을 이해할 수 있다는 것을 알아 두세요. 당신의 아이들이 당신의 부모/조부모/양부모 역할 너머를 보게 하세요. 당신이 진정한 자신으로 존재하는 것은 당신의 아이들에게 그들도 똑같이 할 수 있다는 것을 알릴 수 있습니다.

제3장 진정한 자기 되기

마음에 담아 가기

- 삶의 모든 측면에서 자신이 되는 것은 자녀에게 줄 수 있는 강력한 모범입니다.

- 당신의 삶을 평가하고 자신에게 진실한 방식으로 살고 있는지 결정하는 것은 결코 늦지 않았습니다. 우리는 일생 동안 자기 발견에 참여할 수 있습니다. 인생은 짧고, 우리가 우리 자신의 모든 부분을 포용할 때 더 충만해질 수 있습니다.

- 우리 모두는 특정한 방식으로 존재하기 위해 사회화되었고, 우리 모두는 우리가 충족시킬 수 없는 기대를 받는 것이 어떤 느낌인지 알고 있습니다. 원치 않는 기대를 버리는 연습을 하고 우리 아이들에게 같은 부담을 주지 않기로 약속해 봅시다.

제4장

나의 편견 다루기

철호와 지현에게는 연우과 시우라는 두 자녀가 있습니다. 이 부부의 조카 17세 민혁이는 철호와 지현이 일할 때 아이들을 돌봅니다. 민혁이는 매주 아이들을 도서관에 데려가 책을 빌리는 것을 좋아하고, 아이들도 다양한 책을 읽는 것을 좋아합니다. 얼마 전 철호는 저녁 식사를 준비하다가 식탁에서 아이들이 최근 도서관에서 빌려온 책을 발견하고는 살펴보았습니다. 빌려온 책은 『Julian Is a Mermaid』(Jessica Love, 2018)[1]와 『Pink Is for Boys』(Robb Pearlman, 2021)[2]라는 책이었습니다. 그는 속으로 '왜 이 책들을 골랐는지 궁금하네'라고 생각하면서 저녁 식사 준비를 계속했습니다.

다음 주 철호는 시우가 분홍색 수건을 허리에 감고 거실을 뛰어다니는 것을 보았습니다. 철호는 "뭐 하고 있는 거니?"라고 물었습

---

[1] 역자 주: 이 책은 한국에서 『인어를 믿나요?』(웅진주니어, 2019)로 번역되어 출간되었다.
[2] 역자 주: 이 책은 한국에서 『남자도 분홍을 좋아해』(북뱅크, 2024)로 번역되어 출간되었다.

니다. 그러자 시우가 "나는 인어예요! 지느러미로 헤엄치고 있어요!"라고 대답했습니다. 철호는 '아, 그렇구나'라고 생각했습니다. 그는 불편한 마음이 든다는 것을 알아차렸지만 왜 그런지는 정확히 알지 못했습니다. 그는 자신이 약간 걱정하고 있다는 것도 알아차렸습니다.

다음 날, 철호는 민혁이에게 어제 일화를 이야기하며 말했습니다. "나는 아이들이 그런 책들을 너무 자주 보지 않도록 해 줬으면 좋겠구나. 그 아이들은 어리고, 아이들이 아직 제대로 이해하지 못하는 것들을 하도록 영향을 주는 것은 좋지 않다고 생각한단다."

민혁이는 되물었습니다. "삼촌, 무슨 말씀이세요? 그 아이들이 이해 못 하는 것이 무엇인데요?"

철호는 확신하긴 어려웠지만, 그래도 여전히 마음이 불편했습니다.

민혁이가 말했습니다. "저는 연우와 시우가 여자아이든 남자아이든 모든 성별의 아이가 자신이 원하는 색이나 스타일, 이미지 등을 자유롭게 좋아할 수 있다는 것을 아는 게 좋다고 생각해요. 삼촌은 아이들이 그렇게 알게 되는 것이 싫으세요?"

철호는 대답하지 않았습니다.

그날 저녁, 철호는 지현과 이 이야기를 나누었습니다. "나는 민혁이가 우리 아이들에게 아직 이른 책들을 읽게 하는 것 같아 조금 걱정돼. 우리 아이들 머릿속에 아직 준비가 되지 않은 생각들을 심어 주고, 아이들이 그런 것들을 알게 되는 것이 걱정되네."

지현이 물었습니다. "아이들이 그 책들을 읽으면 무슨 일이 생길

것 같아서 걱정하는 건데?"

철호는 생각해 보더니 대답했습니다. "음, 한번 생각해 봐. 아이들이 분홍색 수건을 두르고 춤을 추는 것을 보면 우리 부모님이나 조부모님이 뭐라고 하실지. 호의적인 반응은 아닐 거라고."

지현이 이야기했습니다. "이제 우리도 가족들한테 설명하면 되지. 지금 우리가 우리 아이들이 자기 모습 그대로 클 수 있도록 아이들이 좋아하는 것은 무엇이든 좋아하도록 키우고 있다고 말이야."

철호는 잠시 깊이 생각하더니 말했습니다. "만약 이런 책들을 읽어서 우리 아이들이 그 책들에 나온 주인공들처럼 되고 싶다고 하면? 아니, 내 말은, 민혁이가 '모든 성별'이라고 말했다고. 우리 아이들이 자기가 요새 젊은 사람들이 이야기하는 그런 성별 중 하나라고 생각하기 시작하면 어떻게 해?"

지현도 잠시 생각하더니 대답했습니다. "우린 우리 아이들이 뭐가 되었든 언제나 사랑할 거라고 늘 말했었잖아. 나는 그런 아동용 책들을 읽었다고 그 아이들이 어떤 방향으로 뭘 하도록 영향을 줄 것이라고 생각하진 않아. 그런데 만약 그렇다고 해도, 우리는 그 아이들을 여전히 사랑한다는 걸 보여 주려고 노력하지 않겠어? 어느 날 우리 아이들이 자기는 다른 성별이라고 말하거나, 자기가 분홍색을 좋아하는 남자아이고 인어가 되고 싶다고 말할 때 나도 그게 무슨 의미일지 정확히 잘은 모르겠어. 하지만 난 이런 것들이 우리가 상상하던 것이 아니라고 해도, 우리가 우리 아이들을 자랑스럽게 생각하고, 또 그 아이들의 꿈이나 목표를 우리가 지지했으면 좋겠어. 생각해 보면, 우리 부모님들도 우리한테 필요 이상으로 엄격하게 통제하셨던 때가 있잖아. 우리가 성장하면서 겪을 어려움이나 문제들로부터 우리를 도와주고 구해야 한다고 생각하시면서 말이야. 그런데 결국 우리가 정말로 느낀 건 그런 게 아니었잖아, 그렇지? 나는 이런 게 우리가 어떤 것들을 조금 다르게 할 수 있는 기회라고 생각해. 당신은 평소에 아이들한테 그렇게 잘하면서 이건 무엇 때문에 그렇게 망설이는 거야?"

철호는 한참 생각했습니다. 스스로 개방적이고, 타인을 판단하는 사람은 아니라고 생각했지만, 그럼에도 불구하고 남자아이들과 전형적으로 여성스러운 것들을 연결 짓는 것에는 반발하는 마음이 든다는 것을 알았습니다. 그는 남성성에 관한 메시지를 내면화해 왔으며, 시우가 인어와 분홍색에 흥미를 보이는 것이 비정상이라고 생각하는 마음이 조금이나마 있었기 때문에 부정적인 감정이 들었다는 것도 깨달았습니다. 물론 그 마음에는 아이의 신체적, 정서적 안전을 염려하는 마음도 일부 있었지만, 대부분은 편견이라는 것도 인정하였습니다. 지현과 민혁이와 계속 대화를 나누면서 철호는 아이들이 누가 되고자 하든지, 또 어떻게 스스로를 표현하든지 진심으로 충분히 포용할 수 있는 마음을 가지게 되었습니다.

실천해 보기

우리 모두는 성은 남성-여성의 두 개의 성별로 이루어졌다고 믿는 이분화된 사회에서 사회화되고 성별 고정관념을 바탕으로 교육

받았기 때문에 성정체성, 성역할, 성별 표현을 비롯한 많은 것에 대한 편견이 담긴 메시지를 내면화해 왔고, 흡수해 왔습니다. 그렇게 배운 것들을 잊고 해체하기 위해서는 노력과 의지, 헌신과 연습이 필요합니다.

- ★ 철호의 시나리오를 읽고 스스로에게 질문을 던져 봅시다.
- ★ 나 자신을 솔직하게 들여다보았을 때 내적으로나 외적으로 철호처럼 반응했던 적이 있을까요? 그 대상이 자녀일 수도 있고 다른 사람이었을 수도 있습니다. 그 순간에 어떤 두려움이 들었습니까?
- ★ 내가 암묵적 편견을 가지고 있다는 것을 스스로 어떻게 알 수 있을까요?
- ★ 편견을 알아차리고 해체해 나가는 과정을 책임지고 지속할 수 있도록 도와줄 수 있는 사람이 주변에 있습니까? 만약 아무도 없다면, 이 작업을 도와줄 상담자를 찾거나 편견을 해체하는 과정을 서로 지지하고 도울 수 있는 모임에 참여할 필요가 있을까요? 성정체성과 성별 표현과 관련된 편견을 지속적으로 알아차리고 버리기 위해 내가 의도적으로 해야 할 행동은 무엇일까요?
- ★ 부모님으로부터 영향을 받은 자신의 양육관 중 버리거나 바꾸고 싶은 것은 무엇입니까?

마음에 담아 가기

- 우리 모두, 정말 우리 한 사람 한 사람 모두 다 편견을 가지고 있습니다. 먼저 우리는 그 편견이 무엇인지를 인식해야 합니다. 그다음에야 우리는 신념과 행동을 움직일 수 있습니다.
- 만약 우리가 가진 편견을 확인하고 제거하지 않는다면, 이런 편견은 자녀에게 전달됩니다. 우리는 편견을 알아차리고 해체해 나가는 과정을 책임지고 지속하도록 도와줄 수 있는 주변 사람들이 필요합니다.
- 우리는 자녀를 통해 낡은 생각과 행동을 포기하고 바꿀 수 있는 좋은 기회를 만납니다. 이 과정은 우리를 자유롭게 만들 수 있습니다.
- 우리가 가진 편견이나 판단을 집착하고 놓지 못한다면 어느 순간 자녀와의 관계가 어려워질 수 있습니다.

제5장
귀 기울여 듣는 법 배우기

수연, 윤정, 준호는 자폐성장애를 가진 10살 예빈이의 공동 양육자입니다. 예빈이는 수연, 윤정과 한 주를 보내면, 그다음 주는 준호와 보내는 식으로 두 집을 번갈아 가며 시간을 보냅니다. 예빈이는 바이섹슈얼(양성애자)이자 자폐성장애를 가지고 다인종적 정체성을 가진 트랜스젠더 아동입니다. 1년 전, 예빈이는 자신을 여성으로 표현하는 호칭(누나, 언니 등)을 쓰면서 예빈이로 불리기 시작했습니다. 예빈이의 모든 부모는 예빈이가 1년 전까지는 트랜스젠더라는 '그 어떤 신호도 보이지 않았고' 그렇다고 더 여성적으로 보이기 위해 머리 스타일이나 옷차림을 바꾸는 시도는 아직 하지 않으면서도, 공공장소에서 남자아이로 인식되었을 때 화를 내는 것을 걱정하고 있습니다. 그들은 혹시 예빈이가 '남자 여자 모두에게 끌린다고 해서 성별을 바꿀 필요가 없다는 것'을 아직 깨닫지 못하고 혼란스러워하는 것은 아닐까 걱정하고 있습니다.

수연과 윤정은 거주하는 지역의 시스젠더 레즈비언 공동체에서 활발하게 활동하고 있는데, LGBTQ+ 공동체 안에서도 예빈이의 성 정체성이나 표현에 대해 여러 가지 상반되는 메시지와 정보를 받고 있습니다. 준호는 트랜스젠더인 사람들과 자폐성장애 사이에 통계적으로 유의한 상관이 있다는 정보를 들은 적이 있지만, 그게 예빈이에게 어떤 의미인지 잘 모르겠으면서도 한편으로는 예빈이 스스로 트랜스젠더라고 생각하는 것이 사실은 자폐성장애의 증상인 것은 아닐까 궁금해하기도 합니다. 세 사람의 부모는 아이를 예빈이라고 부르고 아이가 원하는 호칭이나 표현을 사용하려고 노력하고 있지만, 여전히 실수를 자주 해서 절반 정도는 잘못 부르고 있습니다. 예빈이는 부모들이 호칭이나 표현을 사용하지 않거나 자신을 '아들'로 언급할 때면 열을 올리며 그들과 다투었습니다. 어느 날 수연은 가발을 집으로 가져와서, 예빈이에게 그 가발을 쓰면 자신들뿐만 아니라 낯선 사람들도 올바른 호칭으로 부르기 더 쉬울 것 같다며 가발을 써 볼 것을 권유했습니다. 그러나 예빈이는 "아뇨, 전 가발 쓰기 싫어요"라고 대답했습니다. 최근 부모와 다툰 이후 예빈이는 화가 난 나머지 주먹으로 벽을 쳐서 손에 상처가 났습니다. 가족들은 이제 어떻게 해야 할지 난감해하고 있습니다.

실천해 보기

상담자로서 아동·청소년에게서 가장 자주 듣는 이야기 중 하나는 부모가 자신의 이야기를 '절대 듣지 않는다'는 것입니다. 아이들은 부모가 자기 이야기를 듣고 충분히 이해한다고 느끼지 않습니다. 제가 알기로 대부분의 부모는 자신이 자녀의 이야기를 듣고 있다고 믿고 그러려고 노력하는데 말이죠. 하지만 아이들이 그렇게 느끼지 못하는 데에는 분명 어떤 이유가 있다고 볼 수 있겠지요.

우리 중 많은 사람이 부모의 말은 곧 법이고, 아이의 생각이 어른들과 다를 때 아이의 의견에 관심을 별로 가지지 않던 시대에 성장하였습니다. 아이들은 '보이는 곳에 있어야 하지만, 목소리는 들리지 않아야 하는' 그런 양육관 속에서 자랐습니다. 우리가 의도적으로든 무의식적으로든 그런 식으로 아이들을 키운다면, 아이들이 부모가 자기 이야기를 들어 준다고 느끼기 어려운 건 당연하지 않을까요?

저의 양육 방식을 생각해 보면, 저는 아킬라 리차드(Akilah S. Richards)가 『Raising Free People』에서 이야기했던 방식을 참고하여 활용하고 있습니다. 우리 아이들의 이야기를 귀 기울여 듣는 것에 대해 아킬라가 이야기한 것 중 일부를 당신에게 말씀드리려고 합니다.

> 저는 제 관점으로 대화를 이끌기 위해 질문하는 것이 아니라, 더 많이 배우고 이해하기 위해 질문으로 답합니다.

아! 마치 들킨 것 같은 느낌을 받은 사람, 여기 저 말고 또 있나요? 아이들은 가끔 우리가 진심으로 이야기를 듣고 있지 않다는 것을 압니다. 왜냐하면, 아이들의 말을 이해하기 위해서 라기보다는 우리가 하고 싶은 말을 하기 위해 그들이 했던 말을 이용하기 때문이지요. 저는 아마도 예빈이가 수연, 윤정, 준호와 그런 경험을 한 것은 아닐까 생각합니다.

> 저는 '변화를 촉진하는 자세'로 듣고 배우고자 합니다. 제 자신의 편견을 넘어서서 듣는 연습을 하면서, 서로 간의 신뢰와 이해를 쌓도록 노력하고 있습니다.

부모로서 자신이 가진 편견과 의견을 넘어 듣는 것은 진정 어려운 일이지만, 우리 아이들과 신뢰하는 관계를 만들고 싶다면 반드시 필요한 일이기도 합니다. 준호, 윤정, 수연은 어떤 편견을 가지고 있나요? 어떻게 하면 그들이 자신의 편견을 더 잘 인식하고 극복할 수 있을까요? 이 부모들이 예빈이와의 관계에서 중요하게 여겨야 할 것들은 무엇일까요?

> 저는 무언가를 고치기 위해 노력하는 것이 아니라, 단지 듣는 것을 배우려고 합니다.

부모로서 우리는 자녀의 문제를 해결하려 애쓰는 데 많은 시간을 보냅니다. 아이들은 단지 우리 말을 듣기만 하면 된다고 생각하면서 우리가 모든 문제에 대한 해답을 가지고 있다고 생각하기도 합니다. 하지만 문제 해결에만 집중하면 아이들이 진정으로 필요로 하는 것을 놓칠 수 있습니다. 때때로 아이들은 우리가 온전히 집중해서 그들의 이야기를 들어 주기만을 원합니다. 우리 생각을 말하거나 아이가 원치 않는 조언을 해서 아이와 함께 협력하여 문제를 해결할 기회를 놓치고 있을지도 모릅니다. 예빈이의 사례에서 '문제를 고치려고' 하거나 해결책을 제시하는 대신에 어른들이 예빈이와 함께 문제를 해결할 수 있는 기회는 언제 있었을까요?

> 때때로 논쟁은 우리가 아무 말도 하지 말고, 상대방이 요청할 때만 맥락을 제공해야 한다는 신호일 때가 있습니다.

뭔가 말하려고 하는 충동이 들 때 저는 이렇게 합니다. 잠시 기다려 보자! (내가 왜 말을 하고 있지?) 논쟁이 생겼다면, 스스로에게 물어봅니다. 누가 내 의견을 물어보지 않는 한 내가 말을 하는 것이 그 순간 정말 필요한가? (물론 저라고 항상 그렇게 하지는 못하지만, 무슨 말인지 아시겠죠?) 앞의 사례에서 예빈이의 부모가 말하지 않고 그냥 들어야 했던 순간은 언제였을까요?

> 저는 자녀나 십대와 대화할 때 긴 설교조의 연설을 하지 않도록 특별히 신경 씁니다.

우리 모두 부모님 앞에서 일방적인 일장 연설을 들어야 했던 경험이 있지 않나요? 마치 몇 시간이고 그 자리에 있었던 것처럼 느껴지고, 급기야는 부모님의 목소리가 마치 만화 〈스누피〉에서 나오는 선생님 목소리처럼 웅얼거리면서 아무 의미 없는 소리로 들렸던 순간 말이에요. 누구도 그런 경험을 다시 하고 싶지 않겠죠. 그럼에도 불구하고 우리 중 많은 사람이 자녀에게 왜 그들의 행동이 말도 안 되는지, 의심쩍은지, 최선이 아닌지를 구구절절하게 설명하고 싶은 충동을 느낍니다. 그러면서도 우리 자신은 방해받거나 참견받고 싶어 하지 않지요. 예빈이의 부모들은 예빈이의 성별을 사람들이 제대로 알기 어려운 이유와 예빈이가 다르게 해야 하는 것들에 대해 일장 연설을 늘어놓는 대신 무엇을 할 수 있었을까요?

이 이야기에서 또 하나 중요한 점은 예빈이의 부모들이 예빈이처럼 그 상황을 경험하거나 당사자로 살아 본 경험이 없는 사람들로부터 조언을 받고 있다는 점입니다. 예빈이의 경험을 더 깊이 이해하기 위해서 그들은 예빈이와 비슷한 사람들, 즉 트랜스젠더이고 자폐성장애를 가진 양성애자이면서 다인종적 정체성을 가진 청년들을 만나 경험을 듣고 대화를 나누거나 혹은 이런 정체성 중 일부를 가진 전문가를 찾아 자문을 구할 수 있었을지도 모릅니다. 제 주변에는 중요한 결정을 내릴 때 더 잘 이해하고 싶은 특정 경험이나 정체성을 가진 사람들을 찾아가 "이야기를 들어 보고 싶다"라며 대화를 요청하는 친구들이 많이 있습니다. 이들은 제게 훌륭한 모범 사례가 되어 줍니다. 이 친구들은 자신의 시간과 소중한 경험을 나누어 준 사람들에게 감사의 표시로 식사를 대접하거나 작은 선물, 기프트 카드 등을 주곤 합니다.

당신이 자녀의 이야기를 진심으로 귀 기울여 듣지 않았던 때는 언제였습니까? 무엇이 방해를 했었나요? 그 결과는 어떠했습니까?

더 많은 질문을 던지고, 편견을 인식하고, 상대방을 고치려는 태도를 버리고, 짧게 말하거나 말하지 않는 것을 연습할 준비가 되어 있습니까? 습관을 고치는 것은 쉽지 않지만, 이를 통해 자녀와의 단단한 관계가 형성된다면 그 고생은 충분히 가치가 있습니다.

마음에 담아 가기

- 적극적인 경청의 목적은 이해를 증진시키는 것이지, 자신의 관점을 내세우거나 증명하기 위함이 아닙니다.
- 적어도 대화하는 시간의 60% 이상을 듣고, 40% 미만으로 말하도록 노력해야 합니다.
- 내가 어떤 정체성을 가지고 있건 간에, 다른 사람의 말에 충분히 개방적인 마음을 가지고 이해하기 위해서는 내가 사회로부터 흡수한 각종 '-주의'를 해체하기 위한 작업이 필요합니다.
- 부모이자 보호자로서 우리도 자녀들로부터 배울 수 있다고 생각해야 합니다. 우리가 듣기만 한다면, 아이들은 우리에게 새로운 것을 가르치고, 새로운 관점들을 제공합니다.
- 아이들의 문제를 매번 대신 해결해 줄 필요는 없습니다. 때때로 우리는 문제가 없는 곳에서 문제를 보기도 합니다. 우리 아이들은 그저 우리가 듣고 괜찮다고 말해 주기를 바라기도 합니다. 만약 문제가 정말로 있다면, 아이들과 함께 문제를 해결할 수 있습니다.

제6장
대화의 창 열어 놓기

미현은 스스로 '여자아이도, 남자아이도 아니'라고 생각하는 그녀의 8세 아이 지안이가 요새 들어 '당돌해졌다고' 느끼고 있습니다. 또 최근 지안이에게 자기 방을 청소했는지, 고양이에게 먹이를 챙겨 주었는지, 숙제를 했는지를 물어보면 곧잘 울어버리기도 합니다. 미현은 지안이에게 물어보았습니다. "요새 너 무슨 일이야? 난 버릇없는 아이는 싫어." 그러나 지안이는 그냥 어깨를 으쓱해 보이고는 바닥을 쳐다보고 대답했습니다. "아무것도 아니야." 미현은 한숨을 쉬고 불만스러운 눈초리로 장 봐 온 물건들을 정리했습니다. 그녀는 지안이가 그냥 단지 불안한 시기를 지나는 중이라고 이해하면서 저런 태도가 곧 사라지기를 바랐습니다.

이런 행동들이 몇 주가 지나자, 미현은 어찌할 바를 모르고 골머리를 앓고 있습니다. 그녀는 지안이가 그냥 집안일이나 숙제를 면하기 위해서 머리를 쓰는 것인지, 아니면 정말 이야기하길 원치 않는 어떤 심각한 문제가 있는 것인지 헷갈리기 시작했습니다. 미현은 친정 엄마와 자녀가 있는 다른 친구에게 이 일을 이야기해 보았습니다. 누구는 눈물은 무시하고 일이나 숙제가 되어 있지 않을 때 그 결과를 감당하도록 하면 된다는 피드백을 주기도 하고, 또 누구는 실제 나이보다 더 많은 것처럼 행동하면서 모든 규칙 위에 있다고 생각하는 십대를 앞둔 아이들이 보이는 정상적인 행동이라고 웃어넘기기도 했습니다. 미현은 두 가지 중 하나는 먹힐 거라는 생각으로 두 가지 방법 모두 시도해 보았습니다. 그러나 몇 주가 지나도록 아무런 변화도 없고 미현은 여전히 무엇을 해야 할지 모르겠습니다. 미현은 상담자가 지안이와 소통하면서 문제의 실마리를 풀어 줄 수 있겠다는 생각에 아동상담 전문가를 찾아보기로 결심했습니다.

실천해 보기

가족들은 때때로 자녀가 '마음의 문을 닫았거나' '관계가 소원해지고' 혹은 평소와 다르게 보인다며 저를 찾아와 도움을 요청하곤 합니다. 부모와 양육자들은 아이들의 마음을 열어 보려 노력하지만 대부분 실패하고 맙니다. 상담을 찾아올 때쯤에는 이미 상황이 모두에게 불편하고 좌절스러운 지경이 되어 있곤 합니다.

부모로서 우리는 매일 머릿속도, 할 일 목록도 가득 차 있습니다. 대부분의 시간 동안 책임져야 할 수많은 일을 처리하면서 하루를 보내고, 하루가 끝나면 가족 모두가 그저 무사하기만을 바라며 바쁘게 살아갑니다. 이런 상황에서는 우리가 가진 최선의 의사소통 기술조차 제대로 활용하기 어려워집니다. 더구나 많은 부모가 성장 과정에서 좋은 의사소통 방식을 배울 기회조차 갖지 못한 경우가 많다는 점을 고려하면, 우리는 아마도 자녀들이 우리에게 마음을 열고 진짜 속마음을 털어놓기 어렵게 만드는 습관을 가지고 있을지도 모릅니다.

다음은 아이들과 의사소통할 때 더 열린 대화를 이끌어 낼 수 있는 몇 가지 팁입니다.

이렇게 하세요

- ★ 당신의 필요와 경계를 분명하게 표현하세요. 아이들은 부모의 마음을 알 수 없습니다.
- ★ 감정을 솔직하게 이야기하는 모습을 보여 주세요. 슬프거나 낙담하거나 두렵거나 당황스러울 때 그 감정을 말로 표현해 보세요.
- ★ 비록 서로 동의하지 못하는 순간이 있더라도 당신과 아이가 동의할 수 있는 공통점을 찾아보세요.
- ★ 자녀가 당신과 의견이 다르더라도 자신의 생각을 가질 수 있도록 허용해 주세요. 아이가 자신의 생각과 관점을 키워 갈 수 있는 공간이 필요하다는 것을 이해하는 것이 중요합니다.
- ★ 조언을 하거나 의견을 말할 때는 말투와 단어 선택에 신경 쓰세요. '내가 지금 너무 몰아붙이거나 권위적으로 말한다면 어떤 결과가 생길까? 아이와의 관계에 어떤 영향을 줄까?'라고 스스로

물어보세요.

★ 민감한 주제를 이야기할 때는 자녀의 반응을 잘 살펴보세요. 혹시 자녀가 말하기 어려워하는 것처럼 보이나요? 그렇다면 말투나 어조를 조금 부드럽게 바꿀 수 있는지 고민해 보세요.

★ 곤란하고 어려운 주제도 편하게 이야기할 수 있는 환경을 만들어 주세요. 자녀가 힘든 감정이나 주제도 안전하게 털어놓을 수 있는 곳이라는 걸 느끼게 해 주세요.

★ 한 달에 한 번이나 일주일에 한 번쯤 온 가족이 모여 각자 느끼거나 생각하는 것을 자유롭게 이야기하는 자리를 마련해 보세요. 이때 다른 사람들은 그저 듣기만 하고 문제를 해결하려고 하지 말고 단지 공감해 주는 시간을 가져 보는 겁니다. 예를 들어, "지난번에 이런 일들이 있었는데, 정말 힘들었어요"라든지, "현서가 그렇게 말했을 때 네가 상처받았겠구나" 같은 식으로요. 이 자리에서는 당신도 함께 참여하는 것이 중요합니다. 너무 진지할 필요는 없습니다. 좋아하는 간식을 먹고 포근한 담요를 둘둘 말고 같이 보드게임을 하거나 영화를 보면서 즐겁게 마무리하면 좋습니다.

이렇게 하지 마세요

★ 감정을 가지고 다투지 마세요. 만약 아이가 저녁을 먹기 위해 놀이를 멈추고 손을 씻어야 해서 슬퍼한다면, "오후 내내 놀았잖아. 음식이 따뜻할 때 먹어야지. 슬퍼할 필요 없어"라고 말하지

마세요. 대신 "네가 슬퍼 보이는구나. 저녁을 먹는 것보다 노는 게 더 좋지? 하고 싶은 걸 멈추고 하기 싫은 일을 해야 할 때 슬플 수 있지"라고 공감해 주세요.

★ 외부에서 아이를 통제하고 조용히 시키라는 압력이 있더라도, 자녀가 우리 말을 잘 듣는 순종적인 아이가 되도록 하는 것만 신경 써서는 안 됩니다. 아이들이 다른 사람들에게 공감하고, 동의를 구하며, 존중하는 법을 배울 수 있도록 우리가 아이들에게 공감과 동의, 존중을 가르치고 모범을 보여야 합니다. 자녀들과 함께 건강한 의사소통 방식과 관계를 만들어 가기 위해 노력하세요.

★ 자신을 돌보고, 감정을 알아차리고 잘 처리하는 것을 소홀히 하지 마세요. 스스로를 제대로 돌보지 않으면, 자녀에게 감정을 쏟아 내게 될 수 있고, 이런 행동은 열린 의사소통에 필요한 신뢰를 쌓기 어렵게 만듭니다.

★ 자녀가 (일부) 어른들처럼 감정을 조절할 수 있을 것이라고 기대하지 마세요. 하지만 그렇다고 아이들이 의사소통하거나 감정에 대처하는 기술을 배울 수 있는 잠재력을 가졌다는 것을 과소평가해서는 안 됩니다.

마음에 담아 가기

- 자녀가 당신에게 얼마나 솔직하고 정직하게 이야기하는지는 당신의 의사소통 방식, 말하는 방법, 어려운 이야기라도 기꺼이 들어 주려는 태도에 달려 있습니다.
- 감정을 느끼고 표현하는 것을 자연스럽고 당연하게 받아들여 주세요. 생각이나 의견분만 아니라 감정에 대해서도 이야기해 보세요. 예를 들어, 어떤 감정을 몸의 어느 부분에서 느끼는지 먼저 이야기하고, 자녀에게도 그 감정을 몸 어디에서 느끼는지 물어보세요(서로 다를 수 있다는 점을 염두에 두고서요).
- 어렸을 때를 떠올려 보세요. 그때 무엇이 어른에게 마음을 열 수 있게 해주었나요? 어떻게 하면 아이가 당신에게 더 쉽게 마음을 열 수 있도록 할 수 있을까요?
- 다른 사람들이 당신의 양육 방식이나 선택을 판단할 수 있지만, 그들의 의견보다 중요한 것은 당신과 아이의 관계입니다. 다른 사람들의 말에 너무 신경 쓰지 마세요.
- 도움이 필요할 때는 요청하고, 자신을 위한 시간을 충분히 가져 보세요. 그렇게 하면 자녀와 더 효과적으로 소통할 수 있는 좋은 상태가 됩니다.
- 자녀가 마음을 열고 이야기하기 어려워할 때, 그 순간을 자녀를 더 잘 이해하고 대화하는 법을 배우는 계기로 삼으세요. 아이들이 문자나 카카오톡을 선호하나요? 아니면 빈 공책에 메시지를 써서 주고받는 것을 더 좋아하나요? 벽에 걸린 보드나 게시판을 사용하는 것을 좋아하나요? 아니면 눈을 많이 마주치지 않아도 되는 산만한 활동을 하면서 대화하는 것을 선호하나요?
- 자녀의 행동을 부정적으로 지적하려 할 때 잠시 멈추고 호기심을 가지고 접근해 보세요. 혹시 당신이 미처 알지 못하는 다른 이유가 있는 것은 아

닐까요? 이 행동 때문에 실제로 심각한 문제가 생겼나요? 아니면 이 행동이 당신의 트라우마 반응을 유발하거나 당신의 과거 경험을 떠올리게 하는 것은 아닐까요?

제7장
인내심 연습하기

지안과 영민은 6세 희수의 이모와 이모부입니다. 이들은 희수가 3세 때부터 희수를 키우고 있습니다. 지난해 희수는 여러 개의 다른 성정체성을 이야기해 왔습니다. 처음 희수는 지안과 영민에게 "저는 남자아이가 아니에요. 저를 연아라고 불러 주세요"라고 말했고, 몇 달 후 "저는 지금 여자-남자아이예요. 제가 새로운 이름을 찾을 때까지 다시 희수라고 부르세요"라고 이야기했습니다. 최근 희수는 주인공이 논바이너리라고 이야기하는 만화를 보고 나서 "생각해 보니 저는 논바이너리가 맞는 것 같아요. 저는 그 만화에서처럼 남자도 여자도 아니에요"라고 이야기했습니다.

옥타비아 버틀러(Octavia Butler)는 자신의 소설 『Parable of the Sower』[1]에서 "신은 변화다"라고 썼습니다. 변화는 끊임없이 일어나고 때로는 매우 필요하지만, 혼란스럽고 무섭고 불쾌하게 느

---

[1] 역자 주: 이 책은 한국에서 『씨앗을 뿌리는 사람의 우화』(비채, 2022)로 번역되어 출간되었다.

껴질 수 있습니다. 버틀러는 자신이 쓴 다른 소설『Parable of the Talents』[2]에서, "친절은 변화를 쉽게 만든다"라고 합니다. 인내심은 저에게 친절과 비슷한 느낌입니다. 특히 누군가 저에게 인내심을 발휘할 때 저는 그런 느낌을 받습니다. 다른 사람이 나의 어려움을 인내심 있는 태도로 대할 때 내가 그 친절을 기분 좋게 느끼듯이, 우리 아이도 그런 느낌을 느끼게 해 주면 좋지 않을까요? 이제 아까 본 예시로 돌아가서 지안과 영민이 희수에게 어떻게 인내심을 발휘하는지, 희수도 지안과 영민에게 어떻게 인내심을 발휘하는지 살펴봅시다. 이들의 이야기를 들으면서 어른들이 좀 더 인내심을 발휘할 수 있었던 부분을 찾아보세요.

영민과 지안은 처음에는 희수를 지지했지만, 희수의 상황으로 인해 심리적으로나 언어 사용에서 매번 변화를 겪어야 하기 때문에 힘들다고 우려를 표했습니다. 그들은 상담자가 희수로 하여금 '무언가 하나를 선택하고 그것을 고수할 수 있도록' 도와주기를 원했습니다. 또한 지안과 영민은 희수가 자신의 성별에 대한 용어나 자신이 불리고 싶은 이름을 아직도 정하지 않다는 점도 걱정하였습니다. 그들은 이젠 희수가 이런 것들을 명확하게 해야 한다고 생각합니다. 희수가 현재 사용하는 이름이나 불리고 싶은 호칭(누나/언니, 형 등)을 그들이 기억하지 못할 때 희수가 스트레스를 받으며 짜증내는 것이 싫습니다. 그들이 실수할 때 희수는 종종 화를 내기도 합니다. 또한 그들은 아이가 이름이나 호칭을 바꾸는 것에 대해 친척

---

[2] 역자 주: 이 책은 한국에서『은총을 받은 사람의 우화』(비채, 2023)로 번역되어 출간되었다.

들이 전혀 이해하지 못하기 때문에 걱정하고 있습니다. 희수가 다른 이름이나 호칭을 계속 바꾸면서 사용하도록 내버려 두면, 나머지 가족들은 이런 것들을 부정적으로 판단할지도 모릅니다. 어쩌면 가족들이 희수가 원하는 현재의 이름이나 호칭 등의 사용을 거부하고, 심지어 영민과 지안을 지지하는 것이 아이에게 해로운 일을 하는 것이라고 할까 봐 걱정하고 있습니다.

이로 인한 스트레스 때문에 두 사람은 희수와 그들 스스로에게 더 조급해졌습니다. 그들은 해결책을 빨리 찾아야 한다고 생각하고, 이제 그들 모두가 앞으로 나아갈 수 있도록 모든 것을 해결할 수 있는 시간이 얼마 남지 않았다고 상담자에게 알리려고 합니다.

실천해 보기

부모이자 보호자로서 우리는 여러 가지 이유로 인내심이 부족해질 수 있습니다. 하지만 자녀와 서로 신뢰하고 돈독한 관계를 유지하려면 인내심을 키우는 연습을 꾸준히 해야 합니다. 다음은 스스로를 돌아보기 위한 출발점으로 생각해 볼 수 있는 몇 가지 질문입니다.

★ 영민과 지안의 조급한 감정이 어디에서 비롯된 것이라고 생각하나요?

- ★ 자녀와 함께 있을 때 조바심을 느끼게 하는 상황에는 어떤 것들이 있나요?
- ★ 당신은 조바심을 느낄 때 어떻게 행동하는 경향이 있나요? 이런 행동은 단기적으로나 장기적으로 어떤 결과를 초래하나요?

다음은 인내심을 연습하기 위한 몇 가지 팁입니다.

- ★ 긴장이 느껴지는 순간 심호흡을 합니다. 턱과 얼굴 근육을 이완하는 것에 집중해 보세요. 숨을 내쉴 때 '내려놓자' 또는 '부드럽게'라는 말을 떠올려 보세요. 때로는 평온함이나 해방감을 느끼는 것만으로도 마음 또한 그렇게 변한다는 것을 알 수 있습니다.
- ★ 혹시 조급함이나 조바심이 당신의 기대 때문은 아닌지 돌아보세요. ('반드시 해야 한다' 또는 '이래서는 안 된다'라는 생각이 떠오르지는 않나요?) 당신의 기대를 어떻게 조정할 수 있을까요?
- ★ "이 상황에서 내가 좀 더 신중하게 대처하기 위해 어떻게 마음의 여유를 가질 수 있을까? 지금 당장 반응할 필요가 있을까?"하고 스스로에게 물어보세요.
- ★ 필요하다면 스스로에게 휴식을 주고 한 발짝 물러서 보세요.
- ★ 주어진 상황에서 긍정적인 점을 찾으려고 노력하세요. 가능한 한 많은 긍정적 요소를 자유롭게 떠올려 보세요.
- ★ 자녀가 자신의 속도와 방식으로 성장할 수 있도록 지지해 주세요.

★ 인내심을 연습하는 것이 자신과 자녀 모두에게 친절해지는 방법임을 기억하세요.
★ 상대방이 그 순간 그 상황에서 최선을 다하고 있다는 것을 기억하세요. 당신도 마찬가지입니다.

마음에 담아 가기

- 원하는 것을 바로 얻을 수 없다는 것을 수용하고 미래를 통제할 수 없다는 불확실성을 받아들이면서, 당신의 인내심 근육을 단련하세요. 이러한 일들은 당연히 어렵습니다. 그러나 연습을 거듭할수록 점점 더 쉬워지는 것처럼 느껴질 수 있어요.
- 인내심을 발휘하는 것이 때때로 불편할지 몰라도, 장점도 있습니다. 원했던 상황이 아닐지라도 여전히 그 상황에서도 즐거운 것을 찾을 수 있습니다. 우회하는 길에 아름다운 것들을 발견하고 놀랄 수도 있습니다. 낯선 사람을 칭찬하거나, 그 순간 더 힘들어하는 사람을 돕거나, 숨을 쉴 수 있고, 평온함을 느끼고, 몸과 마음을 진정시킬 수 있는 시간에 감사할 수 있습니다. 인내심이 관계에 조화를 가져온다는 사실을 깨닫게 될지도 모르지요.
- 당신이 참지 못하고 행동했을 때 발생할 수 있는 해로움이나 단점을 생각해 보세요.
- "지금 이 순간이 5년 후에도 중요할까?" 아니면 "지금부터 15년 후에도 이 문제가 중요할까?"라고 스스로 물어보세요. 만약 대답이 "아니요"이거나 "잘 모르겠다"라면 그냥 넘어가는 것도 방법입니다. "이 또한 지나가리라"라는 말은 많은 것이 일시적이며 모든 것이 똑같이 중요한 것은 아니라는 점을 되새기게 하는 오래된 격언입니다.

- 인내심을 발휘하기 어려울 때, 당신이 어떤 부모가 되고 싶었는지 생각해 보세요. 이런 상황에 어떻게 대처하는 부모가 되고 싶은지 자신에게 물어 보세요.
- 당신 주변에서 인내심이 가장 강한 사람을 떠올려 보세요. 그 사람은 이 상황에서 어떻게 반응할까요? 당신도 비슷하게 행동할 수 있을까요?

제8장
상호 존중 만들어 가기

지민(트랜스젠더 남성)은 3세 시현이의 엄마입니다. 지민은 시현이가 아무리 어리더라도 존중받아야 할 사람이라는 생각을 바탕으로 양육하고자 합니다. 그 방법 중 하나는 시현이에게 자기 몸에 대한 결정권을 가르치는 것입니다. 지민은 시현이가 원하지 않는 사람(친척을 포함하여)에게 포옹이나 입맞춤을 하도록 시키거나 강요하지 않습니다. 대신에 "지금 안아 줄까 아니면 하이파이브 할까?"라고 묻습니다. 이는 시현이가 사랑하고 친밀한 사람과 신체접촉을 할 때조차 결정하고 선택할 수 있는 것을 알려 주기 위한 것입니다. 시현이가 병원에서 진료를 받을 때에도, 지민은 어떤 일이 일어날지 미리 설명해 줍니다.

지민은 자녀에게 '아빠'라고 불리기를 원했지만, 시현이는 일찍부터 지민을 '엄마'라고 부르기 시작했고 지민도 이를 허용했습니다. 그는 아이가 부모를 어떻게 부를지 스스로 결정하길 원했습니다. 또한 때때로 낯선 사람들이 자신을 여성으로 인식하기 때문에 외부

인에게 이성애자라는 인식을 심어 주는 것이 북한이탈주민[1] 가족으로서 어느 정도 안전에 도움이 될 것이라고 생각했습니다.

지민은 이러한 양육 방식의 하나로 시현이의 성별을 태어날 때 지정하지 않았습니다. 특히 지민은 스스로 트랜스젠더 정체성을 나중에 이해하게 되었기 때문에 시현이에게 성별에 따른 기대나 사회적 단서 없이 자신의 성정체성을 알아 갈 기회를 주고자 하였습니다. 최근 시현이는 자신이 여자아이라고 말하기 시작했고, 지민은 이에 따라 시현이에게 알맞은 호칭(누나, 언니 등)을 사용하며 전적으로 지지하고 있습니다. 시현이는 무려 3세 때부터 자신이 입을 옷을 스스로 선택해 왔습니다.

지민은 어른과 연장자는 존중받아야 하지만 어린이는 필요에 따라 존중하지 않아도 된다는 메시지를 주는 가정에서 성장했습니다. 그는 서로 존중하는 것을 가르치고 모범을 보이면서 자신이 자라 온 '각본'을 바꾸려고 노력하고 있습니다. 아이가 그의 머리카락이나 안경을 잡아당기면 "내 머리카락을 잡아당기지 말아 줘" 또는 "이 안경은 내가 보는 데 꼭 필요하니 조심해서 다뤄야 해"라고 설명해 줍니다. 행동의 거친 정도에 따라 "아야" 또는 "조심해!"로 시작할 수도 있습니다. 어느 날 혼자서 큰 육식용 칼을 사용해 음식을 자르지 말라는 말을 들은 시현이는 지민에게 "엄마는 나빠요! 왜 칼을 못 쓰게 해요?"라고 말했습니다. 지민은 "지금 칼을 못 쓰게 해서 화났구나. 화가 날 수도 있지"라고 대답합니다.

---

[1] 역자 주: 원서에는 아프리카계 원주민 가족으로 되어 있으나 한국 상황을 염두에 두고 수정하여 번역하였다.

시현이가 화를 참기 힘들어하고 짜증을 내고 심술을 부릴 때, 지민은 시현이에게 찰흙 반죽(플레이 도우), 꽉 쥐고 주물럭거릴 수 있는 말랑말랑한 장난감, 껴안을 수 있는 털 인형, 찢을 수 있는 종이, 포근하게 감쌀 수 있는 부드러운 담요 등 감각을 누그러뜨리고 진정시킬 수 있는 활동을 할 수 있는 조용하고 차분한 공간으로 가자고 합니다. 가끔 지민은 시현이에게 "내가 지금 너무 힘들구나. 몇 분 정도 혼자 쉬면서 숨 좀 돌리고 있을게. 좀 괜찮아지면 밖으로 나올게"라고 말하기도 합니다.

가끔 지민은 그런 식으로 대응하지 못하고 "시현아, 그만해! 좀 짜증 나게 하지 마!"라고 말하기도 합니다. 진정한 후, 그는 시현이에게 화를 낸 것을 사과하며 앞으로 화가 날 때 감정을 잘 조절하도록 노력하겠다고 약속합니다. 이런 말과 행동은 상처를 주는 행동을 바꾸기 위해 사과하고 노력하는 본보기가 됩니다.

실천해 보기

어렸을 때를 떠올려 보세요. 주변 어른들로부터 존중받고 있다고 느꼈었나요? 혹시 무시를 당했다고 느꼈던 순간들은 어떤 것들이 있었나요? 존중받았다고 느꼈던 기억은 무엇이었나요?

이러한 경험들이 현재 자녀를 양육하는 방식에 어떤 영향을 미치고 있을까요? 당신에게 상호 존중이란 무엇을 의미하나요? 당신과 자녀 사이에 상호 존중이 있는지 어떻게 알 수 있나요? 다음 제시된

'MUTUAL RESPECT(상호 존중)'는 자녀와 서로 존중하고자 노력할 때 도움이 될 만한 중요한 개념들을 기억하는 재미있는 방법이 될 수 있습니다.

- **M:** 상대방을 만지거나 접촉하기 전에 반드시 동의를 구하는 모범 (Model)을 보이세요.
- **U:** 어린이라고 해서 존중받기엔 너무 어리다고 생각하지 마세요 (Unlearn).
- **T:** 자녀가 당신의 말을 대부분 이해할 수 있다고 믿고 대화하세요 (Talk).
- **U:** 최선의 정서 조절 기술을 발휘하세요(Use). 그 기술들을 자녀에게 가르쳐 주세요.
- **A:** 상처를 주는 말이나 행동을 했을 때는 사과하고(Apologize), 그 행동을 개선하기 위해 어떻게 할지 이야기하세요.
- **L:** 자녀가 당신에게 화를 내거나 실망했을 때, 비록 불편하고 그런 감정을 느끼는 이유에 동의하지 않더라도 자녀가 솔직하게 말할 수 있도록 허용하세요(Let). 자녀가 당신에게 화를 내거나 짜증 낼 때 당신도 함께 감정을 나눌 수 있는 다른 성인을 곁에 두세요.
- **R:** 가능한 한 자주, 친구나 동료에게 할 때처럼 품위 있고 우아하게 반응하세요(React).
- **E:** 자녀가 힘들거나 좌절할 때나 슬퍼할 때 공감을 표현하세요 (Empathize). 공감하는 모습을 먼저 보여 주고, 다른 사람의

관점이나 경험을 배려하는 법을 가르쳐 주세요.

S: 하고 싶은 말을 명확하게 전달하세요(Say). 자녀가 당신의 마음을 읽을 것이라고 기대하지 마세요.

P: 인내심을 연습하세요(Practice).

E: 목소리 톤, 얼굴 표정, 적절한 선택권을 주는 것을 통해 자녀가 당신의 축소판이 아닌 독립된 인격체라는 인식을 전달하고 존중을 표현하세요(Express). 특히 자녀가 부모의 축소판이 아니라 독립된 인격체라는 생각은 우리가 양육할 때 많이 이야기하지 않죠. 솔직히 말하자면 우리는 자녀가 우리처럼 행동하거나, 같은 활동이나 음악을 즐기거나, 옷차림이나 이목구비, 머리 모양이 비슷하길 바라는 경향이 있습니다. 물론 자녀가 독립된 인격체라고 믿더라도 자녀가 나와 다르거나 내가 상상하고 꿈꿔온 모습과 다를 때 이를 받아들이는 것은 정서적으로 어려울 수 있습니다. 그러나 이러한 기대를 스스로 인정한다면, 자녀가 보여 주는 있는 그대로의 모습에 마음을 열 수 있고, 자녀의 고유한 모습을 진심으로 축하할 수 있습니다.

C: 최선의 상태에서 자녀를 양육하고 부모가 되기 위해 당신에게 무엇이 필요한지 생각해 보세요(Consider). 항상, 매번 그렇게 할 수는 없겠지만, 부모로서 최선의 모습을 발휘하는 데 필요한 것이 무엇인지 아마 어렴풋이 알 수 있을 것입니다. 우리가 잘 지낼 때 더 좋은 부모가 될 수 있습니다. 당신의 욕구를 충족시킬 수 있는 방법을 브레인스토밍해 보세요. 우리가 자신을 잘 돌보고 우리의 필요를 충족시킬 때 부모로서도 최선을 다할

수 있습니다.

T: 자녀를 대할 때, 당신이 대접받고 싶은 방식으로 자녀를 대해 보세요(Treat). 다른 사람이 당신에게 어떻게 말하면 좋을지, 어떻게 바라보면 좋을지, 요청할 때 어떤 방식이면 좋을지 생각해 보세요. 그런 방식을 자녀에게 적용하고, 최선을 다해 대하세요. 그러면 자녀와의 관계가 더욱 돈독해질 것입니다.

마음에 담아 가기

- 자녀와 서로 존중하는 관계를 시작하기에 너무 늦은 시기란 없습니다.
- 자녀와 존중하는 관계를 형성하는 방식은 당신이 자라면서 경험했던 방식이나 주변에서 보는 다른 부모들의 방식과는 다를 수 있습니다. 괜찮습니다.
- 자녀가 자기 몸에 대한 결정권을 가질 수 있도록 지지해 주세요. 이는 그들이 자신의 몸을 스스로 책임질 수 있다는 중요한 메시지를 강화하는 데 도움을 줍니다.
- 자녀가 너무 어려서 이해하지 못할 것이라고 미리 단정 짓지 마세요. 자녀와 대화하며 필요한 것들을 가르칠 수 있습니다.
- 앞에 언급한 행동을 잘하지 못했을 때 그 순간은 인내와 공감을 연습하고 관계 회복을 위해 노력하는 모습을 보여 주는 계기로 삼으세요.
- 부모로서 자녀에게 당신이 필요로 하는 것을 말할 수 있습니다. 다만, 어떤 필요는 자녀를 통해 충족시키기보다는, 스스로 해결하거나 자녀가 아닌 다른 성인을 통해 채우는 것이 좋습니다.

제3부

성정체성을 지지하고 긍정하는 양육 전략

제3부에서는 특별히 성정체성과 관련된 몇 가지 전략을 살펴봅니다. 이러한 전략은 시스젠더 자녀, 다양한 성정체성을 가진 자녀, 트랜스젠더 자녀를 둔 가족에게 유용할 것입니다. 기억하세요! 자신을 온전히 알고 자유롭게 표현할 수 있는 것은 우리 모두에게 좋은 일입니다!

제9장

자녀와 성정체성에 대해 이야기 나누기

지성은 4세 서진이와 7세 아린이의 양부모입니다. 서진이는 다양한 성정체성을 포괄하는 성향을 보이는 반면, 아린이는 태어날 때 부여받은 성별(지정 성별)과 자신을 동일시합니다. 지성은 아이들에게 다양한 성정체성을 가진 어린이와 어른들에 관한 책을 읽어 줍니다. 지성은 아이들과 책을 읽은 후 다양한 성정체성이 어떤 식으로 표현되는지 설명하며 대화를 나눕니다. 그리고 아이들에게 자신의 성정체성이 무엇이라고 생각하는지 물어보고 답변을 들어 봅니다. 그는 아이들이 지금 당장 자신의 성정체성을 알아야 하는 것은 아니지만, 무엇이든 그 정체성을 존중해 줄 것이라고 이야기합니다. 또한 그는 아이들에게 자신에 대해 새로운 것을 알게 되면 언젠가 자신의 성정체성을 표현하는 단어가 바뀔 수도 있다는 것을 알려 줍니다.

가족이 함께 만화나 영화를 볼 때, 지성은 가끔 "왜 많은 프로그램에서 '긴 속눈썹'이 '여성'을 의미할까?" "왜 이 영화에서는 운동하기 좋아하는 여자아이들을 말괄량이라고 부를까?" "영화에 나오는 트랜스젠더 남성에게는 남자친구가 있네. 너는 어떻게 생각하니?" 와 같은 질문을 던집니다.

지성은 두 아이 모두 원하는 옷과 머리 스타일을 선택해서 자신을 표현할 수 있다고 가르치고 다양한 선택지를 제공합니다. 가끔 아이들이 손톱에 매니큐어를 칠하며 놀게 하기도 합니다. 그는 두 아이와 함께 인형놀이를 하기도 하고, 자동차 작업을 할 때 아이들이 지켜보면서 '도와주도록' 하기도 합니다. 아린이가 학교에서 남학생도 드레스를 입을 수 있는지에 대해 반 친구와 논쟁하다 선생님께 꾸중을 들었을 때, 지성은 왜 이런 대화가 자기표현의 자유를 원하는 다양한 성정체성을 가진 아이들, 트랜스젠더, 시스젠더에게 해가 되는지 학교에 찾아가 설명하기도 했습니다.

공공장소에서 아린이나 서진이가 "저기, 큰 오토바이를 탄 남자 좀 봐"라고 말하면, 지성은 그 사람을 통해 듣지 않고는 누군가의 성정체성을 알 수 없다고 알려 주고, "오토바이를 탄 저 사람 좀 봐"라고 이야기하며, 그 상황에서 다르게 할 수 있는 말을 시범으로 보여 줍니다. 지성은 아이들이 영어로 자기소개를 배울 때 인칭대명사에 대해 가르치고 "안녕하세요. 저는 지성입니다. 제 인칭대명사는 남성형 인칭대명사 그(he/him)입니다"라고 말하며 새로운 사람을 만났을 때 자신을 소개하는 방법을 보여 줍니다. 아이들은 영어 선생님이 그녀(she)라는 여성형 인칭대명사를 쓰고, 지성의 직장 동료가 그들(they/them)이라는 인칭대명사를 사용한다는 것을 배우게 됩니다. 지성은 영어 선생님이나 동료가 없을 때 아이들과 함께 이 인칭대명사를 사용하는 연습을 해서, 아이들이 그 사람들과 함께 있을 때 올바른 언어를 사용할 수 있도록 돕습니다. 지성은 아직 성정체성을 모르는 낯선 사람을 언급할 때 성별 중립적인 호칭(선생님, 그분 등)을 사용하는 모습을 보여 주어, 아이들이 일상생활에서도 더 포용적인 언어를 사용할 수 있도록 합니다. 아이들이 엄마, 아빠를 이야기할 때면, 지성은 부모(parents)[1]라는 표현을 설명하면서, 가족은 한 명 이상의 양육자로 구성될 수 있고 이 양육자는 다양한 이름으로 불릴 수 있다는 점을 알려 줍니다.

실천해 보기

처음에는 아이들에게 성정체성을 어떻게 이야기할지 고민하는 것이 부담스러울 수 있습니다. 어디서 시작해야 할지 모르겠거나, 어색해질 것 같다는 생각이 들 수 있습니다. 이 글은 자녀를 믿고, 자신을 믿고, 그 과정을 믿으라는 격려의 메시지입니다. 지성은 서진이와 아린이를 관찰하는 것에서 시작했습니다. 그는 책을 활용하고 아이들과의 대화에서 모범을 보이고 질문을 했습니다. 또한 아이들이 알고 관계를 맺고 있는 사람들을 예로 들면서 다양한 성정체성, 인칭대명사, 성별 표현을 자연스럽고 정상적인 것으로 인식하도록 도왔습니다. 여러분이 더 잘 준비할 수 있도록 몇 가지 제안

---

1) 역자 주: 한국어로 주로 부모라고 번역하지만, 부모 또한 성별 이분법을 사용하고 남녀로 구성된다는 점에서 적절한 번역이라고 보기 어렵다. 그러나 한국에서는 아직 합의된 적절한 번역어가 없기 때문에 부모로 번역하였다.

을 하겠습니다.

💚 실천하세요

- ★ 성정체성과 성별 표현의 차이점을 알아 두세요. 자녀에게 다양한 성정체성을 알려 주어 자신을 설명하는 데 여러 가지 방법이 있다는 것을 알게 해 주세요.
- ★ 표현의 자유를 중요하게 여겨 주세요. 자녀가 성정체성에 관계없이 자신이 원하는 대로 표현하고, 관심사를 자유롭게 탐구할 수 있다는 것을 알려 주세요.
- ★ 당신의 성정체성 발달 과정을 되돌아보세요. 어떤 경험이었나요? 지금 알고 있는 것을 그때 알았더라면 무엇이 달라졌을까요?
- ★ 당신의 문화적 배경에서 성정체성을 어떻게 바라보는지 이해하세요. 혹시 당신과 자녀의 문화적 배경이 다르다면, 각자의 문화적 배경에서 성정체성에 대한 역사적 관점을 알고 있어야 합니다. 만약 잘 모르거나 정보를 찾기 어렵다면 누구에게 물어볼 수 있을까요?
- ★ 일상 언어와 생활에서 다양한 성정체성을 자연스럽게 사용하는 것을 목표로 하세요. 도서관에서 어떤 책을 빌리나요? 집에 두고 읽기 위해 어떤 책을 구입하나요? 남성/여성 또는 남자아이/여자아이에 대해 이야기하는 대신에 다양한 성정체성을 언급할 수 있는 방법은 무엇일까요? 자녀가 다양한 성정체성과 젠더 표현을 가진 사람들을 더 많이 접할 수 있도록 관계망을 확장해야

할 필요는 없을까요?

* 우리가 말하지 않는 것들도 우리가 말하는 것만큼이나 아이들에게 영향을 미친다는 점을 기억하세요. 자녀와 열린 대화를 나누면, 자녀가 다양한 성정체성을 가졌을 때 수치심을 느끼고 자존감이 손상될 가능성을 줄일 수 있습니다. 성정체성에 대해 열린 대화를 나누며 자란 시스젠더 어린이는 다양한 성정체성을 가진 어린이가 부당한 대우를 받을 때 더 공감하고 목소리를 낼 수 있습니다.

* 신체 부위가 성정체성과 관련이 없다는 점을 자녀에게 확실히 알려 주세요. 아이가 태어날 때 의사나 조산사, 부모가 특정 성별이라고 생각했더라도, 신체 부위가 성정체성을 결정하지 않는다는 사실을 말해 주세요. 시간이 지나면서 자신이 여자아이, 남자아이, 논바이너리, 젠더플루이드(gender fluid), 혹은 다른 성정체성임을 나중에 발견할 수도 있고, 자신의 지정 성별과 다르게 느끼는 경우 언제든 이야기할 수 있다고 말해 주세요.

* 영어로 의사소통을 한다면, 인칭대명사 사용을 가르쳐 주세요. 상대방의 성정체성과 상관없이, 인칭대명사를 사용해 자신을 소개하는 습관을 들이는 것이 좋습니다. 당신도 친구와 함께 연습해 보고, 만약 당신이 인칭대명사로 소개하지 않았다면 친구에게 지적해 달라고 부탁하세요.

* 불편함과 친구가 되세요. 아니, 오히려 당신이 불편함을 느낄 만한 사람들을 친구로 사귀세요. 모든 사람이 이런 책을 읽거나 두 가지 이상의 성별이나 다양한 인칭대명사에 대해 들어 본 적이

있는 것은 아닙니다. 어떤 사람들은 이런 것에 대해 들어 봤지만 좋아하지 않을 수도 있죠. 다양한 성별을 포괄하는 언어를 사용하거나 인칭대명사로 자신을 소개할 때, 어떤 사람들은 그것을 특정한 방식으로 받아들일 수 있습니다. 괜찮습니다. 이는 당신에 대한 것이 아니라 그들이 자신의 성장 여정에서 어디에 있는지에 대한 것입니다. 그러니 그들이 불편해하는 것에 개의치 말고 당신은 계속 앞으로 나아가세요.

하지 마세요

- 시스젠더 남성, 시스젠더 여성도 성정체성 중 하나라는 사실을 잊지 마세요.
- 자녀가 자신을 다양한 성정체성으로 표현하더라도 그것이 '잘못되었다'라는 인상을 주지 마세요.
- 여성스러움, 온화함, 부드러움은 누구나 가질 수 있는 특성이라는 것을 알려 주세요. 이러한 특성이 '여자'만을 위한 것이 아니라는 사실을 잊지 마세요.
- 성정체성에 대한 단 한 번의 대화만으로는 자녀가 사회에서 받는 성정체성과 성역할에 대한 모든 메시지를 균형 있게 조율할 수 없을 거예요. 자녀와 정기적으로 이런 대화를 나눠야 합니다.
- 자녀의 이해 능력을 과소평가하지 마세요. 아이들은 어른보다 이러한 개념을 더 빨리 이해할 때가 많습니다.
- 성정체성에 대해 이야기한다고 해서 자녀가 트랜스젠더가 아닌

데도 스스로를 트랜스젠더로 생각하게 될 것이라는 걱정은 하지 마세요.

마음에 담아 가기

- 할 수 있습니다! 시작할 때 조금 긴장되더라도 저는 당신이 충분히 해낼 수 있다고 믿습니다.
- 처음 이 이야기를 꺼낼 때 너무 부담 가지지 마세요. 일상생활에서 자연스럽게 이야기를 나누는 것이 중요하니까요. 앞으로 이런 대화를 더 자주 할 기회가 많을 거예요.
- 주변에서 성정체성에 대해 어떻게 말하는지 주의 깊게 살펴보세요. 어떤 메시지는 미묘하고 어떤 메시지는 노골적일 수 있어요. 자녀와 이러한 메시지에 대해 어떻게 이야기할지 생각해 보세요.
- 어린 자녀에게 성정체성을 가르치는 것은 모두에게 더 안전하고 자유로운 환경을 만들어 줍니다.
- 친구, 가족, 직장 동료, 이웃과 성정체성에 대해 대화를 나눠 보세요. 성정체성에 대해 편안하게 이야기하고 더 자주 논의할수록 자녀와 성정체성에 대해 이야기할 때 더 자연스럽게 느껴질 거예요.
- 자녀와 성정체성에 대해 이야기할 때 반발이나 비판을 받는다면, 그런 환경에서 어떻게 정서적 거리를 두거나 스스로를 보호할 수 있을지 고민해 보세요.
- 우리 사회가 다양한 성정체성을 가진 사람들이 더 안전하게 성장하고 살아갈 수 있는 세상으로 나아가기 위해서 해야 할 일이 많다는 것을 기억해 주세요. 모두가 각자의 역할이 있고, 우리가 충분히 해낼 수 있다고 믿습니다.

안전하고 지지적인 가정 만들기

8세인 윤호와 5세인 수정이는 민철과 상현의 자녀입니다. 민철은 윤호, 수정이와 유전적으로 관련이 있으며, 그들의 다른 유전 기증자는 상현의 친한 친구 나희(대리모)입니다. 나희는 집에 함께 살지는 않지만, 전화 통화와 방문을 통해 윤호와 수정이의 양육에 참여하고 있습니다. 세 양육자에게 모두 중요한 것은 아이들이 스스로를 알아 가며 좋아하고 싫어하는 것을 발견하고 사회에 도움을 주는 구성원이 되는 것을 배울 수 있도록 안전하고 지지적인 가정을 제공하는 것입니다. 세 부모는 서로 의도적으로 대화를 나누었으며, 본받고 싶은 방식으로 자녀를 키우는 부모와 양육자들에게 질문을 하고 몇 권의 책을 읽으며 어떻게 이를 실천할지에 대해 고민해 왔습니다.

양육자들은 서로 간의 존중이 안전하고 긍정적인 가정을 구축하는 중요한 부분임을 알고 있었습니다. 또한 최대한 많은 선택지를 제공하기를 원했고 제한하거나 거부하는 것은 안전 문제나 위험한 상황에 대한 것으로만 하기로 결정했습니다. 어른들은 또한 아이들과 가능한 한 솔직하게 대화하고, 정보를 공유하는 데 있어서 어떻게 적절하게 자녀들에게 정보를 제공할 것인가에 대하여 고민하였습니다. 가끔은 아이들이 이해할 수 있는 것을 어른들이 과소평가할 수 있음을 알고 인지하며 부모 간에 서로 이야기를 나누고 확인하였습니다.

나희는 자기 몸에 대한 결정권의 개념이 아동학대를 예방하는 데 중요하다고 생각하였습니다. 왜냐하면 자기 몸에 대한 결정권은 자존감을 높일 수 있고, 아이들에게 어떤 것이 긍정적인 접촉인지 아니면 긍정적이지 않은 접촉인지를 판단할 수 있기 때문입니다. 나희에게는 이것이 머리를 자르기를 원한다고 소통할 수 있을 때까지 머리를 자르는 것을 기다리고 머리를 자르지 않는 것까지 포함되었습니다. 민철과 상현은 머리 기르는 것에 동의하였는데, 공공장소에서 낯선 사람들이 거의 대부분 긴 머리를 가진 아이는 여자 어린이를 의미한다고 가정하는 것을 관찰했습니다. 민철과 상현은 이러한 단정적인 생각이 모든 성별이 머리를 기를 수 있다고 믿고 자라온 아이들에게 어떤 상처를 주었는지 목격했습니다. 이러한 생각은 확장적인 표현과 확장 성별(gender-expansive)을 가진 아이들과 시스젠더 아이들 모두의 표현을 제한하고 상처를 주었습니다.

민철의 가족들은 매월 한 번 집에 와서 저녁 식사를 하곤 했는데, 최근에는 그중 몇 명이 트랜스젠더에 대한 농담을 하고 여성적인 남성에 대한 경멸적인 언어를 사용했습니다. 양육자들 중 아무도 이에 동의하지 않았지만, 이를 어떻게 대처해야 할지에 대해 함께 이야기해야 했습니다. 양육자들은 윤호와 수정이 앞에서 부정적인 언급을 바로잡는 것이 중요하다는 것을 알고 있었습니다. 양육자들이 모르는 척 넘어가는 것은 양육자가 괜찮다고 그대로 수용해서라고 생각하거나 아이들이 그런 이야기를 해도 괜찮다고 생각하는 것으로 이해할 수도 있기 때문입니다. 민철은 자신의 친척들에게 자신이 이야기해야 한다고 느꼈습니다. 민철과 상현은 민철이 다음 가족 모임에서 어떤 말을 할지 연습했습니다. 그런 다음 가족 만찬에서 그 상황이 다시 벌어지자, 민철은 먼저 단호한 목소리로 "왜 그게 웃긴 건지 모르겠어요"라고 말했습니다. 민철은 또한 그 의견에 동의하지 않으며 모든 성과 성별 표현은 괜찮다고 덧붙였습니다.

어느 날, 민철, 상현, 윤호와 수정이가 텔레비전을 함께 시청하고 있었는데 방송 광고에서 근육질의 남성성의 사람이 실크 잠옷을 입고 유혹하듯 우아하게 춤을 추고 있었습니다. 그 광고는 시청하는 사람들을 웃기게 하려는 의도로 만들어졌습니다. 민철이 "이런 것이 왜 웃겨야 하지?"라는 질문을 하였고, 이 질문은 어떻게 소년, 남자, 사람들이 남성으로 인지되는지 그리고 실크나 꽃처럼 우아한 것은 남자답다 하지 않는지에 대한 대화를 이끌었습니다.

훗날 윤호와 수정이가 동네에서 아이들과 놀고 있을 때, 순철이라는 이웃 아이가 이야기하기를 "윤호, 여기 분홍색은 수정이에게 줘. 핑크는 남자색이 아니잖아"라고 이야기하는 것을 상현이 듣게 되었습니다. 그러자 윤호는 "색은 남자 여자가 없어"라고 빠르게 대답하였습니다. 이것은 이 가정이 지정 성별과 성정체성을 개의치 않고 자녀가 원하고 좋아하는 것을 좋아할 수 있게 하려는 부모의 노력이 빛을 발하는 순간이었습니다.

실천해 보기

오늘 경험한 성 관련 난센스 게임을 진행해 봅시다.
예시 답변은 다음과 같습니다.

★ 학교 농구코트에서 어떤 아이가 "남자만 할 수 있어"라고 이야기했어요. 그 규칙은 정말 별로예요!
★ 오늘 피부과 전문의에게 예약을 하려는데 첫 번째 질문이 "남자예요? 여자예요?"였어요. 예약을 하는데 왜 그걸 알아야 할까요? 네?
★ 오늘 활동을 하는데 아무도 논바이너리에 대해서는 이야기하지 않았어요.
★ 오늘 보라색 꽃무늬 셔츠를 입었는데 어떤 사람이 나한테 "너무 여성스러워"라고 이야기했어요.

각각의 예시 후에 북 치는 소리와 심벌즈 소리를 내고 점수를 주면서 즐겁게 진행할 수 있습니다. 즐겁게 웃고 난 후, 원한다면, 윤호가 "색은 남자 여자가 없어"라고 대답한 것처럼 대답해 보거나 아니면 이러한 비슷한 상황에서 어떻게 대처할 것인지를 논의할 수 있습니다.

이러한 활동은 모든 참여자의 가족들이 인식하는 다양한 성과 성별 표현의 자유 등을 이해하고 성정체성이나 성별 표현에 관한 어떠한 메시지를 내포하고 있는지를 깨닫게 할 수 있습니다. 이를 통해 아이들의 성정체성과 표현을 지지할 수 있습니다.

마음에 담아 가기

- 가족 구성원들은 자녀들이 성장할 수 있도록 안전하고 지지적인 환경을 만들기 위해 적극적으로 임할 수 있습니다.
- 호기심과 질문들이 환영받는 가정적 분위기를 조성하는 것이 지지적 가정의 한 부분입니다.
- 자녀들이 자신의 몸과 자기표현에 주체 의식을 느끼도록 해야 합니다.
- 자녀들에게 미묘한 차별적 행동이나 표현 및 트랜스젠더와 성소수자 혐오 표현(transphobic and homophobic)에 맞설 것임을 알립니다.
- 자녀들에게 다양한 흥미와, 옷의 선택, 머리 스타일, 활동들을 탐색할 수 있도록 지지합니다. 자녀가 특정의 표현이나 흥미를 망설이는 것이 관찰된다면 편견에서 자유롭도록 도와주세요.
- 자녀의 말을 잘 들어 보세요. 자녀가 어떤 것을 소통하더라도 열린 마음으로 받아들이세요.

아이의 성별 표현을 격려하기

6세인 영호는 디즈니 공주 드레스를 입어 보며 지영에게 말합니다. "언젠가 치마를 입겠어!" 치마를 입은 지영은 미소를 지으며 따뜻하게 말합니다. "알았어. 좋아 보여." 지영은 이제 영호가 이를 다시 말하는지 지켜보고, 영호가 성정체성과 성별 표현에 대해 어떻게 생각하고 느끼는지 알기 위해 나중에 더 질문을 할 수 있다는 것을 알고 있습니다. 일단 그녀는 단순히 영호가 행복하게 놀고 있는 것을 즐기며 영호의 소원에 대한 지지를 표현합니다.

희숙은 매일 4세인 손자 현우를 돌보고 있습니다. 희숙은 현우가 다양한 종류(인형, 동물 피규어, 블록, 소꿉놀이세트, 트럭, 등)의 장난감을 가지고 놀 수 있도록 합니다. 현우의 부모는 할머니 댁으로 보낼 때 남성적인 옷과 파란색, 갈색, 초록색의 옷만을 입혀 보냅니다. 희숙은 현우와 옷을 쇼핑할 때 여성 남성 코너를 떠나 열린 마음으로 접근하며, 현우가 선호하는 것과 시도해 보고 싶은 것을 물어보고 모든 코너에서 다양한 제품을 긍정적으로 생각하고 지지합니다. 현우가 무지개 발레복 치마에 관심을 표현할 때 희숙은 그것을 사 줄 뿐 아니라 현우의 부모와 사전에 대화하여 부정적으로 이야기하지 않도록 합니다. 희숙은 현우에게 발레복 치마를 입은 모습이 "예쁘다"라고 말해 줍니다. 희숙은 자신의 단어 선택에 주의를 기울이고 현우에게 "잘생겼어" "씩씩하네" 같은 단어만을 사용하고 "예쁘다" "귀여워"라는 말을 피하는 것을 알아챕니다. 희숙은 자신이 왜 이런가를 탐색하고 상대방이 싫다고 하지 않는 이상 이러한 단어들을 모든 사람에게 쓸 수 있다는 것을 상기시킵니다.

8세인 지후는 역할 놀이를 하며 삼촌인 서진에게 말합니다. "나는 선녀야!" 서진은 "왜 선녀가 되고 싶어 하는 거야?"라고 묻습니다. 지후는 "왜냐하면 선녀는 강하고 똑똑하고 아이들도 돌봐 주거든"이라고 대답합니다. 서진은 "그렇구나, 나도 네가 왜 선녀인지 알겠어!"라고 말합니다. 서진은 나중에 지후와 강하고 똑똑하며 배려하고 보살피는 성향에 대해 이야기하기로 결심합니다. 그는 지후에게 논바이너리인 사람들, 소년, 소녀들 그리고 다른 성별의 모든 사람이 이러한 특징을 다 가질 수 있으며 다양한 표현 방식을 갖고 있을 수 있다고 말합니다. 서진은 "네가 어떤 다른 방식으로 스스로를 표현하는지 궁금하네"라고 말하며, 지후가 더 나누고 싶다면 대화를 더 이어갈 수 있도록 합니다.

13세인 연우는 농구 반바지, 탱크 탑, 헐렁한 티셔츠, 스냅백(챙이 평평한 농구 모자)을 좋아합니다. 연우는 쉬는 시간에 농구와 축구를 하고 방과 후에는 친구들과 비디오 게임을 즐깁니다. 가끔 다른 친구들이 연우를 괴롭히며 "넌 남자야 여자야?"라고 물어보거나 연우의 성기에 대한 혐오 발언을 합니다. 연우의 어머니인 현정은 연우가 이러한 질문이나 괴롭힘에 어떻게 대응하고 싶은지를 찾기 위해 함께 노력하고 있습니다. 현정은 이러한 일이 발생할 때 학교 관계자들과 함께 더 개입하는 방안을 모색하고 있습니다. 최근 가족 장례식이 있었고, 연우는 셔츠와 넥타이를 착용하길 원했습니다. 어머니는 몇몇 친척이 그것을 좋아하지 않을 것을 알고 있었지만, 연우가 편안하게 느끼는 옷을 입기를 원했으며, 어떠한 비난적인 시선이 있더라도 받아들이기로 결정했습니다. 현정은 연우를 자랑스럽게 여기고 셔츠를 입고 넥타이를 맨 모습을 사진으로 찍었습니다.

실천해 보기

모든 성별 표현을 긍정적으로 인정하고, 자녀가 진정한 자신이 되고 기분 좋은 것들을 시도할 수 있는 안전한 가정환경을 만들기 위해 적극적으로 노력할 수 있습니다. 당신은 자녀에게 모든 선택지를 제공하고, 자녀들이 어떻게 성별을 표현하길 원하는지에 대해 의사소통하며, 다른 사람들의 성에 대한 편견이나 한정된 시각을 다루는 법을 가르쳐 줄 수 있습니다.

★ 모든 아이를 그들의 독특한 성격, 재능, 및 관심사에 기반하여

칭찬하세요. 예를 들어, "오늘 네가 친구가 넘어진 걸 위로해 준 건 정말 친절했어." "너 정말 달리기 빠르다!" "네 농담 정말 웃기다!"와 같이 말합니다. 외모보다는 그들의 다양한 장점에 더 집중하세요.

★ 드레스업/연극 놀이 상자를 만들어 보세요. 다양한 소품, 의상 및 액세서리를 포함하여 자녀가 편안하게 놀며 자유롭게 표현할 수 있는 기회를 제공하세요. 중고 상점, 중고 판매, 친구로부터 물려받은 것들은 드레스업 상자를 채우는 훌륭한 방법입니다. 상상력을 발휘하세요! 자녀와 드레스업 놀이를 즐기며 일상에서 벗어나 보세요.

★ 가정을 하지 않도록 신중을 기하세요. 자녀가 입거나 하고 싶어 할 것에 대한 당신의 고정관념에 주의하세요.

★ 자녀의 선택을 지지하세요. 자녀가 머리를 어떻게 자를지, 옷을 어떻게 입을지, 별명이나 선택한 이름을 사용할지, 그리고 다양한 역할을 맡을지에 대해 지지적인 태도를 보여 주세요.

★ 내재된 편견을 인식하세요. 이것은 아들의 공격적인 행동을 '리더십이 드러난다' 또는 '책임을 지고 있다'로 간주하고, 딸의 같은 행동을 '지배적이다' 또는 '응석 부리는 것'으로 생각하는 형태로 나타날 수 있습니다. 누가 그 행동을 하는지에 상관없이 보이는 행동을 그대로 받아들이세요. 예를 들어, 아들과 딸이 같은 장난감을 놓고 싸우는 것을 목격했다면, "너도 지금 이 장난감을 가지고 놀고 싶고 너도 지금 가지고 노는 중이네. 둘 다 만족할 수 있는 해결책을 찾기 위해서는 어떻게 해야 할까? 번갈아

가며 사용할 수도 있겠지?"라고 말할 수 있습니다. 딸이 무조건 양보해야 한다거나 아들이 주도해야 한다고 간주하지 않도록 하세요.

* 자녀와 편견에 대해 대화하세요. 만약 자녀나 다른 아이가 "민준이가 주방에서 요리하는데, 그건 여자들만 하는 거 아니야?"와 같은 발언을 하면 질문해 보세요. "음, 누가 앞치마나 주방이 여자들만을 위한 것이라고 말한 적이 있니? 어떻게 생각하니? 여자가 아닌데 주방에서 요리하거나 앞치마를 입은 사람을 본 적이 있니?"

* 성별 중립적인 메시지를 강화하세요. 옷은 단순히 옷이라는 메시지를 강조하세요. 누구나 원하는 옷을 입을 수 있습니다. 모든 색은 모든 사람을 위한 것입니다.

* 다양한 성별 표현에 자녀를 노출시키세요. 자녀가 다양한 성별 표현을 가진 어린이와 성인들에게 노출되도록 하세요. 당신의 사회적 관계망, 소비하는 미디어, 그리고 이용 가능한 책과 활동에 대해 의도적으로 신경을 써 주세요.

마음에 담아 가기

- 자녀가 자신의 성별을 표현하는 다양한 방법을 탐색할 수 있는 기회를 만드세요.
- 성별 관련 의견이나 편견에 대한 신중함과 성찰을 촉구하세요.
- 언어나 자녀의 행동을 보는 시선에 스며든 가정이나 편견을 주의 깊게 살

펴보세요. 이를 어떻게 변화시킬지 고민해 보세요.
- 주변에서 성별 표현에 대해 이야기하고 다양한 성별 표현 방식을 보여 주세요. 자신의 사회적 관계에서 다양성을 찾기 어려울 때는 새로운 경험을 즐겨 보고 시야를 확장시킬 때입니다!

제12장

자녀가 이끄는 대로 따르기

5세인 수아는 태어날 때 여성으로 성별을 부여받았습니다. 수아는 최근에 가족에게 이렇게 말했습니다. "나는 여자가 아니야. 그냥 나예요." 수아는 "저는 철우 사범님처럼 머리를 자르고 싶어요"라고 말했습니다.

최근에 수아는 유치원에서 질책을 받았습니다. 선생님은 "안녕하세요. 남자친구와 여자친구들"이라고 반갑게 인사했고, 수아는 "우리 모두가 남자와 여자는 아니에요"라고 대답했습니다. 수아의 대답은 선생님을 당황하게 만들었고, 어른에게 말대답하고 지적하는 것이 무례하게 여겨졌기 때문에 선생님은 수아네 집에 연락을 하였습니다.

수아의 가족은 이러한 상황에 대처하는 방법을 생각해 보고 도움을 받기 위해 상담자를 찾았습니다. 가족 구성원들은 수아의 성정체성에 관련하여 어떤 일이 벌어지고 있는지 잘 모르고 있었는데, 특히 "나는 남자야"라고 말하지 않았기 때문에 더 그랬습니다. 부모님은 수아가 어른들에게 무례하게 비칠까 걱정했지만, 동시에 수아가 자신을 대변하고 옹호하는 데 편안해지기를 바랐습니다. 수아의 할아버지는 "너는 남자인지 여자인지 결정해야 해. 세상이 다 그렇게 이해하니까. 사람들에게 너는 어느 쪽도 아니라고 말하면 너무 혼란스러워할 거야"라고 말했습니다. 수아는 이 말에 상처받았지만 어른을 지적하거나 논쟁하고 싶지 않았습니다. 수아의 '할머니' 중 한 분은 "수아에게 호르몬 치료나 그런 것들을 받도록 해야 할 것 같다"라고 불안해하였습니다. 상담에서 가족은 불편함과 두려움을 인정하고, 천천히 수아가 이끄는 대로 따르는 방향으로 가야 한다고 이야기하며 수아의 진정한 감정을 천천히 듣는 것에 대해 이야기를 나누었습니다.

가족들은 가능한 미래의 선택지에 대해 알고 있을 수 있도록 나이대별로 호르몬 치료를 선택할 수 있는 시기(5세 때는 아님)와 사춘기 차단제에 대한 정보는 받았지만 다른 것보다도 수아가 이끄는 대로 따라야 한다는 점을 상기하였습니다. 가족들은 수아가 어떤 감정을 느낄 수 있고 어떻게 생각할지에 대해 자연스러운 방식으로 질문하는 법을 논의했습니다. 압박을 가하지 않으면서도 이 주제에 접근하는 방법을 생각해 보았습니다. 가족들은 논의한 내용을 일부 실행하기 시작했습니다.

그 이후 몇 달 동안 수아는 계속해서 "나는 여자가 아니야. 그냥 나예요"라고 강조하면서 옷장에 있는 드레스를 피하고 대신 멜빵바지나 다양한 상의와 바지를 착용하기 시작했습니다. 어느 순간에 가족 구성원 중 일부는 수아를 위해 '남자아이 옷'을 구입했습니다.

그들은 수아가 선물에 열광하지 않아 실망한 기색을 보였습니다. 상담사는 가족에게 수아의 이끄는 대로 따라야 하고 미래에는 어떻게 될지 아무도 모른다고 강조하며 절대 가정하지 말 것을 상기시켰습니다. 가족들은 수아의 선택을 칭찬하고 수아를 남자나 여자로 부르는 것이 아니라 '아이'나 '내 아이'라고 부르는 것으로 접근하는 방법을 생각해 냈습니다.

어느 친척이 수아에게 '철우 사범님' 머리를 잘라 주었고, 모두가 수아의 행복해하는 모습을 볼 수 있었습니다. 몇 달 후에 한 부모가 수아에게 "여전히 수아라 불리고 싶니?"라고 물었습니다. 수아는 "지금은요, 다른 이름을 생각할 때까지는"이라고 말했습니다. 가끔씩 가족 구성원들은 타인들이 수아를 다양한 방식으로 성별화할 때 불편하다고 말했으며, 사람들이 수아를 '남자'나 '여자'라고 불렀을 때 어떻게 해야 할지 모르겠다고 했습니다. 상담사는 그러한 이야기를 수아와 함께 나누라고 조언해 주었고, 수아가 그 순간에 어떻게 느끼는지와 가족 구성원들이 어떻게 말하거나 하는 것이 좋을지를 알아보도록 도와주었습니다.

가족들은 상담사와 함께 성정체성과 성별 표현이 서로 다른 것임을 논의했습니다. 때로는 겹치기도 하지만 서로 다른 것이라는 점을 이해했습니다. 다양한 성별과 성별 표현을 가진 다른 사람들의 비디오를 시청하고 이에 대해 논의하며, 수아가 성정체성과 표현에서 갖는 모든 가능성을 인정했습니다. 가족들은 수아가 그 가능성에 대해 더 알아볼 수 있는 방법을 생각하기 시작했고 이렇게 함으로써 수아 자신의 성정체성을 이해하고 전달하는 과정에 도움이 될 것이라고 믿었습니다.

실천해 보기

가장 어려운 점은 많은 부모, 친척 및 보호자가 어린이는 어떤 일에도 이끌어서는 안 된다는 가르침을 받았다는 것입니다. 우리는 어른들이 어린이를 위해 항상 최선의 것을 알고 있을 것이며, 어린이는 어른들에게 어떤 일을 어떻게 하고 언제 하라고 배워야 한다고 믿도록 사회화되었습니다. 어린이가 이끄는 대로 따르는 개념은 좋은 부모로서, 어린이를 돌보는 사람으로서 올바르게 이끌고 지도해야 한다고 배운 것과는 완전히 다를 수 있으며, 이를 실천하면 일부 사람들은 우리를 비난할 수도 있습니다.

예를 들어, 수아의 가족은 수아에게 어른을 존중하고 어른들의 말에 귀 기울이도록 가르쳤지만, 동시에 수아가 자기 자신을 대변할 수 있기를 원했습니다. 수아는 선생님이나 할아버지에게 가족과 자신이 믿고 있는 가치 내에서 허용될 만한 방식으로 어떻게 대응해야 할지를 어려워하였습니다. 수아의 보호자들은 어른들이 상처 주는 말을 할 때 수아가 무엇을 말하고 싶은지 물어보고, 단호하면서도 예의 바른 대답을 할 수 있도록 연습하는 데 도움을 줄 수 있었습니다.

이미 아이와 이야기하는 방식을 이 책에서 언급된 방향으로 하고자 노력하고 있을 수 있습니다. 그것은 당신의 방식이 옳다는 것을 아이에게 설득하려는 것이 아니라, 아이를 깊이 이해하는 것을 목표로 하며, 자신의 편견과 가정을 넘어서 듣는 것을 의미합니다. 아이가 이끄는 대로 따르는 것은 아이들의 감정과 긴급함의 수준에 맞추는 것을 의미합니다. 아이들이 괴로워하거나 힘들어 보인다면, 그것을 진지하게 받아들이고 빠르게 대응해야 합니다. 그들의 기분이 좋고 잘 지내는 것처럼 보인다면, 당신의 아이가 성정체성을 넓게 보더라도 그 정체성에 맞추어 줄 수 있습니다. 때로는 수아의 가족 구성원들처럼 수아보다 먼저 호르몬 치료나 의류 선택에 대해 고민하려 하고, 천천히 듣고 관찰하는 대신 앞서려는 마음이 들기도 합니다. 이것은 종종 가족 구성원들이 겪는 불안감과 관련이 있을 수 있습니다. 가족들은 자신의 감정을 인지하여 아이들과 함께 나누면서 어른들의 감정과 아이의 감정을 분리할 수 있어야 합니다.

당신은 아이의 내면적인 자아 감각과 자신이 누구인지에 대한 직관을 믿을 수 있으면서도, 탐색과 놀이, 다양한 용어, 라벨 또는 표현을 시도해 볼 수 있는 환경을 제공할 수 있습니다. 아이가 이끄는 대로 따르는 것은 때로는 코스를 조정하고, 때로는 회전하며, 때로는 흐름에 맞추는 것을 의미합니다. 아이가 어린 시절에는 한 가지 방식으로 나타내고 정체성을 표현할 수 있지만, 나중에 사춘기나 청소년기에는 성정체성을 매우 다른 방식으로 나타낼 수도 있습니다. 이것은 그들의 정체성이 진실되지 않다는 것을 의미하지 않습니다. 이미 제12장까지 읽어 오셨다면 이미 이를 알고 계실 것입니다!

다음은 아이의 성정체성과 성별 표현을 따르는 몇 가지 팁입니다.

- 어떤 방향으로든 유도하거나 그로부터 멀리하게 하려는 충동을 억제하세요. 자신이 자녀를 어떤 활동, 스타일, 행동 방식 등으로부터 멀리하게 하려거나 가까이 하게 하려는 욕구를 느낀다면 이 충동이 어디서 온 것인지 솔직하게 스스로가 탐색하는 것이 중요합니다. 우리는 모두 성별 표현과 정체성에 대한 사회적 메시지를 받아들였지만 적극적으로 배움을 해제하려 노력할 수 있습니다.
- 아이가 실수나 오해를 지적할 때 겸손하게 반응하세요. 자녀가 우리가 상처 주는 일을 했다고 말하면, 때론 의도치 않게 무심코 저지른 일이기 때문에 부모나 가족 구성원들이 방어적으로 반응하는 경우가 많습니다. 우리는 잠시 멈추고 숨을 들이마시고 맞는 이름, 인칭대명사 또는 단어를 사용하지 않았다는 사실을 상기하고, 겸손하게 반응하는 것을 연습할 수 있습니다.
- 아이의 스스로에 대한 이해가 시간이 지남에 따라 성장하고 변화할 것임을 받아들이세요. 이는 성별 표현과 성정체성을 포함하여 그들의 여러 측면을 의미합니다.
- 정기적이고 일상적으로 확인의 시간을 가지세요. 수아의 부모처럼 질문을 하세요. "여전히 수아로 불리고 싶니?" "낯선 사람이 남자인지 여자인지 묻는 질문에 내가 한 대답 있잖아. 그 대답은 어땠어? 더 나은 답변이 있었으면 좋겠다는 바람이 있니?"

또 몇몇 사람은 매달 또는 인생의 다른 시기마다 인칭대명사를 바꿉니다. "지난달에는 어땠니? 그래도 좋다는 느낌이 드니?" 질문을 한 다음에 들어 주시고 지속적으로 점검하는 것을 시도해 보세요.

마음에 담아 가기

- 열린 마음으로 관찰하는 것은 결과에 연결 짓지 않는 것을 의미합니다. 우리는 지금 이 순간 일어나고 있는 일에 적극적으로 지지하고 싶을 뿐입니다.
- 성별 확장이나 트랜스젠더인 것은 응급한 상황이거나 고쳐야 할 문제가 아닙니다. 사람의 어떤 측면과 마찬가지로, 이것은 축하받고 감사하며 인정받아야 할 부분입니다. 만약 당신이 자녀의 말과 행동으로 무엇을 전달하려는지 확신하지 못하거나 어떻게 대응해야 할지 모르는 경우, 성별 확장적인 아동과 함께 상담해 본 경험이 있는 전문가를 찾아보거나 더 나은 방법으로는 함께 생활하고 직접 경험해 본 전문가를 찾아보세요. 이들은 아이의 이끔을 따르는 여정에서 당신을 지지해 줄 것입니다.

제13장
가정하지 않고 관찰하기

유진은 바닥에 앉아 2세인 한솔이가 놀이를 하는 것을 지켜보고 있습니다. 한솔이가 목공 망치와 공구 상자로 놀며 시간을 보내는 모습을 지켜봅니다. 유진은 한솔이의 행동을 해설하며 말합니다. "봐봐, 너 잘하고 있어. 못에 망치로 치고 있네! 하나 맞췄어!" 그리고 "망치로 치면 큰 소리가 나겠지?"라고 이야기합니다. 유진은 한솔이가 장난감 피아노로 이동하는 모습을 보면서 "그 소리를 들어 봐. 높은 음도 낮은 음도 연주하네"라고 말합니다. 그다음, 한솔이는 아기 인형을 집어 들고 안고 흔들어 주며 머리를 빗어 줍니다. 한솔이는 인형에 뽀뽀를 합니다. 유진은 "아기를 돌봐 주고 있구나"라고 말합니다. 유진은 한솔이가 특정한 장난감이나 활동을 선택할 때 한솔이와 관련된 어른들, 할머니와 선생님들의 편견적인 가정을 들어 본 적이 있습니다. 그러나 유진은 편견과 이분법적인 시각에 기반한 성별에 대한 가정을 버릴 결심을 하였습니다.

성민은 밖에서 3세인 수빈이와 놀고 있습니다. 역할 놀이를 하며 수빈이는 블랙 팬서가 되기를 원합니다. 놀이터 주변을 뛰어다니며 점프를 합니다. 그 다음 수빈이는 스파이더맨이 되기로 정하고 놀이터를 오르내리며 뛰어다닙니다. 이 둘 웃고 소리를 지르면서 놀고 있습니다. 성민은 수빈이가 왜 블랙 팬서나 스파이더맨이 되길 원하는지에 대해 어떠한 가정도 하지 않습니다. 그냥 이 순간이 재미있고 자유로운 것으로 남아 있게 둡니다.

인수는 5세인 은우와 역할 놀이를 하고 있습니다. 은우는 앞치마를 착용하고 "나는 엄마니까 아이 역할해 줘. 점심을 만들어 줄게. 그리고 화장도 할거야"라고 말합니다. 인수는 자신의 역할에 뛰어들어 어린아이를 흉내 냅니다. 인수는 은우가 엄마 역할을 한다고 해서 어떤 결론도 내리지 않습니다.

민지는 4세인 지유가 어떤 날은 녹색 스웨터와 갈색 바지, 검은 체육복 바지 같은 옷을 입는 것을 알아챕니다. 그리고 또 다른 날에는 보라색 반짝이 셔츠와 분홍 레깅스, 어울리는 머리띠를 착용하는 것을 볼 수 있습니다. 민지는 지유의 선택에 의미를 단정하지 않기로 결정하고 그저 지유가 옷을 입고 준비하는 것을 칭찬하며 각 의상을 인정합니다. 민지는 모든 성정체성과 성별 표현을 포용하고 각 개인의 성적인 여정에 대한 대화가 편안하게 이루어지는 환경을 조성하기 위해 노력하고 있습니다.

실천해 보기

"판단하는 것은 너와 나를 어리석게 만든다"는 말을 들어 본 적이 있을 것입니다. 어른들은 정보를 관리하거나 상황을 처리하거나 결과를 예측하고 통제하기 위해 판단을 하곤 합니다. 우리는 판단을 인지하든지 모르든지 간에 모두 그렇게 합니다. 그리고 누군가가 우리에 대해 판단을 하면 우리는 정말로 싫어하지 않나요? 제 경우에는 정말 싫습니다!

그럴 것이다라고 가정하고 판단할 때, 우리는 자주 잘못 생각하거나 전체적인 맥락을 보지 못하는 경우가 많습니다. 어떤 아이든지 간에(시스젠더이든, 성별 확장적이든, 트랜스젠더이든, 성정체성과 관계없이) 주변의 어른들이 성에 대해 가정하지 않고 단순히 관찰할 수 있을 때 모든 아이가 도움을 받을 수 있습니다. 이것은 어른이 관찰한 것에 대한 질문을 하지 않거나 더 이해하려고 노력하지 않는 것을 의미하는 것이 아닌, 부모와 보호자들이 열린 대화 없이 무언가에 대해 가정하거나 이야기하지 않도록 주의하는 것입니다. 많은 경우, 우리의 가정은 성에 대해 우리가 내면화한 메시지나 우리 자신의 개인적 경험에서 비롯됩니다. 가정을 버릴 때, 우리는 정말로 아이들이 누구인지를 알아 갈 수 있습니다.

판단하는 것은 쉽고 순간이지만, 판단은 아이들을 깊이 알아 가고 신뢰 관계를 구축하는 데 장애물이 될 수 있습니다. 당신이 그럴 것이다라고 결론을 내린다는 것을 알게 되면, 다시 기초를 연습하고 현재로 돌아오기 위해 노력하고 도전하세요. 아이에게 묻고 판단 없이 적극적으로 듣기 위해 노력하세요. 기대를 버리고 깊은 이해를 하도록 헌신하세요. 모든 연령의 아이들과 청소년들은 다양한 방식으로 성정체성을 표현할 수 있습니다. 이러한 표현은 성별 확장적, 트랜스, 논바이너리와 관련이 있을 수도, 없을 수도 있습니다. 가정하지 않고 관찰하면 우리는 모든 가능성에 개방적일 수 있습니다.

다음은 가정하지 않고 관찰하는 단계별 과정에 대한 안내입니다.

1. 가정이 있는지 관찰하고 알아차리세요.
2. 정확한 생각을 확인하세요.

   예시 |

   내 아이가 유니콘과 요정을 좋아하니 뭔가 잘못된 게 있는 건가?

   여자아이가 얼굴 면도하는 척하는 게 이상하다.

   남자아이가 인형을 가지고 노는데 게이인가?

   내 딸 아이가 남자아이 이름 같은 별명을 사용하고 싶다고 하니, 반드시 트랜스젠더일 거야.

3. 가정에서 생긴 감정을 확인하세요(걱정, 두려움, 혼란, 혐오).
4. 자신의 생각을 조사하고 관찰한 사실만 확인하세요. 의견이나 가정을 관찰에 추가하지 마세요.

   예시 |

   내 아이는 가끔 요정과 유니콘에 대한 역할 놀이를 좋아한다.

   내 아이는 얼굴 면도하는 척했다.

   내 아이는 인형과 놀기를 좋아한다.

   내 아이는 새로운 애칭을 사용하길 원한다.

5. 가정하고 판단한다는 것은 자녀가 전달하지 않은 것을 증거 없이 머릿속에서 만들어낸 '이야기'라는 것을 상기하세요. 관찰하는 것을 더 잘 이해하기 위해 배워야 할 게 있는지를 스스로에게 묻습니다.

6. 스스로에게 묻습니다. '이 순간에 어떻게 대응하고 싶니? 제일 확신 있고 열린 마음의 나는 무엇을 하길 원하니?'

마음에 담아 가기

- 판단, 의견, 가정 없이 관찰하세요.
- 아이의 성별, 표현 방식, 좋아하는 것이 무엇이든 가치 있고 멋지다고 믿으세요.
- 현재에 머물며 오늘의 아이를 받아들이세요.
- 아이에게 자신을 마음껏 표현할 수 있는 힘을 주세요.
- 아이의 독특한 뛰어남에 자신감을 가지세요.
- 아이의 정체성과 표현을 인정하세요.
- 편안하게 다가가세요. 기대와 가정을 버리세요.

제14장
올바른 질문하기

어느 날 5세인 용우는 가족에게 "오늘은 나를 서윤이로 불러 줘"라고 말했습니다. 그러다 다른 날에는 용우가 "오늘은 나를 용우로 불러도 돼"라고 말했습니다. 용우의 어머니와 할머니, 아버지와 아버지의 남자친구도 이를 관찰했습니다. 그들은 정확히 확신하지 못했지만, 용우가 서윤이로 불릴 때, 행동양식, 표현, 심지어 목소리 톤까지 더 여성스러워 보였습니다. 반면, 용우로 불리길 원하는 날에는 몸의 움직임과 의상 선택까지도 더 남성스러워 보였습니다.

가족들은 모두 함께 이야기를 나누었으며 용우/서윤에 대해 가정하지 않고 지지하는 것에 동의했습니다. 그리고 용우가 내적인 감정이나 성정체성 및 표현과 관련된 상황에 대해 이야기하고 싶어 할 때 대화를 하고자 했습니다. 가족은 모두 지지적인 가정환경을 조성하려 노력했음에도, 처음부터 용우/서윤에게 성정체성과 표현에 대해 가르치는 데 몇 가지 놓친 부분이 있음을 깨달았습니다. 성장하는 아이를 최상의 방법으로 지원하기 위해 명확한 질문을 하고 명확한 정보를 제공해야 한다고 결심했습니다. 아이가 놀고 있거나 자신에게 맞는 느낌을 얻기 위해 다양한 시도를 할 때 젠더플루이드나 다른 성정체성을 전달하고 있는지를 이해하고 싶었습니다. 이는 가족들이 적극적으로 긍정할 수 있기 위함이었습니다.

실천해 보기

어린아이들은 어린 나이에도 누군가를 '소년' '소녀' '논바이너리' '젠더플루이드' 등으로 만드는 건 몸의 일부 때문이 아니라 내면에서, 마음과 머리에서 어떻게 느끼는지에 따라 달라질 수 있다는 것을 이해할 수 있습니다. 출생부터 아이들에게 여러 가지 방식으로 소녀가 될 수 있는 방법, 소년이 될 수 있는 방법, 그리고 다른 성별이 될 수 있는 방법이 많다고 이야기해 줄 수 있습니다. 어린이들은 누군가의 성정체성을 보이는 모습만으로는 알 수 없다는 것을 매우 어려서부터 배울 수 있습니다. 다양한 성별의 사람들이 모든 형태의 외모를 가질 수 있다는 것을 상기시키며, 어떤 성별이든 다양한 형태의 사람들이 될 수 있다는 것을 알립니다. 이런 것들을 배우는 것은 성정체성과 관계없이 모든 어린이에게 긍정적 영향을 미칩니다. 이를 통해 더 조화롭고 존중하는 친구 관계와 지역사회의 형성을 이끌 수 있을 것입니다.

어린 시절부터 당신의 아이에게 남성 인칭대명사와 여성 인칭대명사를 어떻게 사용하는지 알려 주고, 인칭대명사로 사람들에게 자기소개하는 모습을 롤모델이 되어 보여 줄 수 있습니다. 매일이나 매주 아이에게 어떤 인칭대명사를 사용하길 원하는지 물어볼 수도 있습니다. 이것은 인칭대명사가 바뀔 수 있다는 것을 보여 주고, 아이의 결정을 존중하고 존경할 것임을 보여 줍니다.

다음은 아이에게 정기적으로 물어볼 수 있는 몇 가지 질문입니다.

- ★ 어떤 인칭대명사를 사용하길 원하니? 집에서만 혹은 모든 사람과 사용하길 원하니?
- ★ 어떤 이름으로 불리길 원하니? 집에서나 특정 장소에서/특정 사람들과 함께 사용하길 원하니?
- ★ 다른 사람들에게 내가 너를 어떻게 부르기를 원하니? 아이? 아들? 딸? 다른 것?
- ★ 어떤 종류의 옷을 좋아하니? 어떤 색이나 무늬를 좋아하니?
- ★ 무엇을 하는 것을 좋아하니? 어떤 게임을 좋아하니?
- ★ 어떤 종류의 장난감이나 물건을 가지고 싶니?

만약 아이가 자신의 성별이 출생 시 부여된 것과 다르다고 이야기했다면, 나누어 준 것에 감사하며 자랑스럽게 생각한다고 전하신 후 다음의 질문들을 할 수 있습니다.

- ★ 성별 스펙트럼 선상에서 너를 어디에 위치시킬 수 있니?
- ★ 성정체성에 대한 어떤 용어를 들어 보았고, 너에게 어떤 것이 올바른지 감이 오니?

- ★ 현재 너의 표현 방식에서 바꾸길 원하는 것이 있니? 그런 변화를 내가 어떻게 도와줄 수 있을까?
- ★ 이렇게 느낀 기간이 얼마나 되었니? 어떻게 지금 나에게 말할 수 있었니?
- ★ 다른 경험에 대해 내게 알려 주거나 배우고 싶은 게 더 있니?
- ★ 어떻게 하면 내가 너를 더 편안하게 할 수 있을까?

다음은 말하지 않아야 할 것들입니다.

> 이 사실은 나한테 너무 어렵구나. 내 딸/아들을 떠나보내는 애도의 시간이 필요해.

아이는 이 정보를 공유하고 싶어하기는 하지만 부모의 애도의 원인이 되고 싶지는 않을 것입니다. 자신의 감정을 아이에게 직접적으로 표현하는 대신 전문적인 트랜스 지지적 상담사나 친구에게 표현하고 처리하는 것이 좋습니다. 상담사와 함께 지정 성별과 관련된 기대와 사회적 관습을 애도하고 탐색할 수 있습니다. 이러한 탐색은 자녀를 더욱 잘 이해하고 받아들일 수 있게 도울 것입니다.

> 그래, 나는 너를 지지하지만 할아버지께는 말씀드리지 말자. 할아버지께서는 이해하지 못하시고 건강도 좋지 않으셔.

자녀가 다른 가족 구성원에게 모욕적인 말을 듣는 것으로부터 보호하기 위해 이런 말을 하고 싶은 욕구를 느낄 수 있습니다. 하지만 이를 통해 자녀에게 보내는 메시지는 자녀의 정체성이 이해받기 어려운 것이라거나 부끄럽게 여겨야 한다거나, 다른 사람에게 해를 끼칠 수 있다라는 것입니다. 이렇게 하는 대신에 자녀에게 상대방으로부터 공격적이거나 모욕적인 어떤 말을 들을 경우 함께 상황을 대처할 것이라 확신을 주고 아이의 옹호자로서 함께 할 것이라 말하며 안심시킬 수 있습니다.

> 집에서는 원하는 대로 입을 수 있지만, 외출할 때는 _____처럼 옷을 입어야 해.

사실 안전과 관련된 위험은 함께하는 사람과 상황에 따라 다를 수 있습니다. 이러한 위험을 고려하고 중요하게 생각해야 할 수도 있지만, 이러한 표현은 자녀에게 자신을 표현하는 방식이 잘못된 것이거나 나쁜 것이거나 이상하거나 숨겨야 할 것으로 여겨질 수 있습니다.

> 정말 이게 네가 느끼는 것 맞니? 학교에 성전환하려는 친구가 있는 것을 알아. 네가 그 친구와 지나치게 동일하게 여기는 것이 아닌가 해서. 이것이 정말 너의 정체성인지를 확인하고 싶어.

시간을 내어 자신을 교육하고 아동·청소년들의 성별 확장성에 대해 배워 보세요. 이 책을 읽는 것도 그 교육을 위한 중요한 첫 걸음입니다. 성정체성과 표현을 연구하는 것은 어려울 수 있으며, 그 과정은 어린이와 청소년들이 다른 취미/관심사/음악/의류 스타일을 실험하는 것과는 다릅니다. 주류 사회가 존재하는 다양한 성정체성을 반영하지 않고 있는 경우, 여전히 두 가지 이상의 성정체성이 존재한다는 사실을 거부하는 경우가 많습니다. 어린이나 청소년이 다른 성정체성을 가진 사람들을 만나고 그 존재를 독립적으로 이해하는 시점에 다다르면 자신의 내면에서 느끼는 방식을 알아채기가 더 쉬워질 수 있습니다. 이는 같은 반 친구나 선생님을 만나거나, 본인이 시스젠더가 아님을 이해하는 친구를 알거나, 다양한 성정체성을 가진 실제 사람들의 이야기를 온라인에서 읽는 등의 활동을 통해 할 수 있습니다. 한 번의 활동이 아닌 일련의 과정일 수 있습니다. 예를 들어, 저는 시간이 지남에 따라 제 정체성을 설명하기 위해 여러 가지 다른 용어를 사용했는데, 그때 나 자신에 대해 알고 있거나 특정한 방식으로 나에게 맞다고 느껴진 것을 기반으로 선택하였습니다. 이전 용어 중 어떤 것도 나에게 잘못된 것이거나 틀린 것은 없었지만 그저 나 자신에 대한 이해와 내가 공감 가는 것을 바탕으로 계속해서 변화하고 성장해 나가는 과정임을 나타내는 것입니다.

이런 것에 대해 말하기는 너무 어려. 더 어른이 될 때까지 기다리자.

아이들이 때로는 성인보다 더 잘 이해하고 있습니다. 아이들이 이해하는 것을 과소평가하지 마세요. 많은 경우 어른들이 아이들에 대하여 더 잘 안다고 생각하기 때문에 아이들을 의심하고 진지하게 받아들이지 않습니다. 우리 아이들이 스스로를 이해할 수 있는 능력을 믿어 보세요. 그리고 우리의 양육 가치를 상기하며 우리 아이가 오늘 누구라고 말하더라도 그들을 축하해 주세요. 우리 아이가 어떤 모습으로 성장할지를 궁금해하며, 어떠한 가정도 하지 않으려 하고 무의식적으로 그들에게 가하는 어떤 제한도 줄일 수 있도록 노력해 보세요.

마음에 담아 가기

- 깊은 이해를 증진하기 위한 목표를 가지고 질문하세요.
- 호기심을 가지고 대화에 참여하세요.
- 사랑을 기반으로 양육하려 하고, 가능한 한 두려움을 버리세요.
- 자신의 감정을 혼자서나 다른 성인들과 함께 처리하세요.
- 질문들이 긍정적인 관점을 가지도록 하세요.
- 자녀가 자신의 성정체성이나 표현과 관련하여 더 나은 삶을 위해 어떤 것을 원한다는 답변을 하였을 때, 최선을 다해서 원하는 것을 제공해 보세요. 어떻게 해야 할지 모른다면, 그 일을 도와줄 수 있는 사람에게 물어보세요.
- 기억하세요, 당신은 할 수 있어요! 그리고 당신의 자녀도 할 수 있어요!

제15장

사춘기를 대비하기

예준이는 8세이며 그의 부모 현수는 사춘기에 대한 두 권의 책을 선물했습니다. 『Sex Is a Funny Word』와 『Puberty Is Gross but Also Really Awesome』입니다. 현수는 이 책들을 고른 이유가 다양한 성정체성과 신체를 포괄하는 내용을 담고 있기 때문이었습니다. 예준이의 학교에서 진행되는 성교육 수업에서는 사춘기에 관한 정보가 포괄적이고 포용적인 방식으로 전달되지 않을 것이라는 사실을 알고 있기 때문입니다.

예준이가 가장 좋아하는 간식을 먹으며 책에 대해 함께 이야기하는 시간을 가졌습니다. 예준이는 태어날 때 남성으로 지정되었습니다. 하지만 책에 대해 이야기를 나누면서 현수에게 예준이는 수염이 자라고 목소리가 낮아지는 등의 2차 성징의 변화들이 기분 좋지 않을 것 같다라고 걱정하였습니다. 현수는 호기심을 가지고 개방적인 질문을 하면서 예준이의 이야기를 들었습니다. 예준이가 공유한 내용을 바탕으로 현수는 소아 내분비학 전문의와 상담 약속을 잡아 보기로 결정했습니다. 그렇게 함으로써 사춘기 차단제에 대한 질문을 하고, 이 약물이 예준이에게 이득이 될 수 있는지에 대한 정보를 얻을 수 있을 것입니다. 이 약물은 예준이가 성정체성에 관해 어떤 느낌을 가지고 있는지를 이해할 수 있는 시간을 더 제공해 줄 것입니다.

예준이의 일부 발언을 고려하여 현수는 이러한 사춘기 변화가 예준이의 성별과 일치하지 않을 경우에 발생할 수 있는 어려움이나 고통을 피하기 위해 사춘기가 시작되기 전에 이 상담을 진행하고 싶었습니다. 현수는 예준이와 책에 대해 편안한 분위기로 이야기할 시간을 가졌다는 것에 만족했습니다. 현수는 자신의 불안감이 올라오는 것을 눈치채고 예준이에게 영향을 끼치지 않기 위해 자신의 친구에게 전화하여 이야기하기로 하였습니다.

실천해 보기

당신은 학교에서 사춘기에 대해 들었던 수업 내용이나 부모님과의 대화를 기억하나요? 제가 기억하는 데, 그 어느 것도 자세하거나 포괄적이지 않아서 실제로 저의 삶에 도움이 되지 않았습니다. 당신은 과거에 생리주기나 발기에 대한 2차 성징 과정을 소개하는 옛날 비디오를 보여 준 성교육 선생님과 바나나에 콘돔을 끼우는 간호사를 기억하나요? 부모가 음모나 겨드랑이 땀에 관한 책을 조용히 문 밑으로 밀어 넣고는 다시는 그 책의 내용에 관해 이야기하지 않은 적이 있었나요?

많은 청소년과 대화를 나누어 본 결과, 지금도 이러한 수업과 대화는 크게 나아지지 않았습니다. 이러한 대화는 불편하거나 어색할 수 있으며, 어떻게 해야 할지에 대한 확신이 생기지 않을 수도 있습니다. 하지만 우리의 자녀가 포괄적이고 포용적인 성 건강 정보에 접근할 수 있도록 하는 것은 중요합니다. 몸의 부분이 성에 따라 구분되지 않는 사실을 다시 한번 확인하고, 몸의 부분을 언급할 때 포용적인 언어를 사용하며, 다양한 청년기 변화가 무엇을 의미하는지 정확하게 공유하는 것입니다. 가능한 변화에 대한 자녀의 감정을 충분히 듣는 시간을 가집니다. 또한 신체적 동의와 몸에 대한 결정권의 개념을 강조하는 좋은 기회이기도 합니다.

성에 관한 대화에서 시스젠더 정체성을 중심적으로 이야기하지 않고, 인터섹스 정체성을 고려해 보세요. 많은 트랜스 정체성을 가진 청소년의 부모가 "저는 어떻게 트랜스젠더들이 섹스를 하는지 모르니까 무슨 말을 해야 할지 모르겠어요"라며 저에게 섹스에 관한 대화를 나누어 달라고 요청합니다. 하지만 부모나 보호자로서, 이러한 정보를 직접 배우고 자녀와 공유할 수 있습니다. 『Trans Bodies, Trans Selves』라는 책은 이 주제에 대한 대화를 포괄적으로 다루는 데 도움이 될 수 있을 것입니다. 사춘기에 대한 대화는 일회성으로 끝나는 대화가 아닙니다. 추가적인 질문을 던지고, 자녀의 의견을 듣고, 정보와 지원이 필요한 경우 언제든 그런 지지를 제공할 수 있는 기회가 많이 있을 것입니다. 마찬가지로, 자녀가 소비하거나 노출되는 미디어에 대해 어떤 생각을 가지고 있는지, 청소년기 변화와 관련된 언급이나 반응에 대해 어떻게 생각하는지 논의하는 기회도 많이 가져 보세요. 이런 순간에 진실하고 정직하게 나아가세요! 자녀에게 이런 주제를 다루는 것에 대해 두려워하지 않을 것이라고 알려 주세요.

> **Note**
>
> 모든 트랜스젠더, 논바이너리 및 에이젠더 아동 및 청소년이 항상 몸에 대한 위화감을 느끼지 않을 수 있습니다. 예를 들면, 위화감은 공공장소에서나 전화 통화 시에 다른 성별로 불릴 때 일어날 수 있습니다.
>
> 이 위화감은 시스젠더 청소년이 자신의 몸에서 일어나는 청소년기의 변화에 대해 남의 시선을 의식하고 자존감을 갖지 못하는 것과는 다릅니다. 어떤 부모가 "음, 나도 브래지어를 입기 시작할 때 이상하게 느꼈어요. 학교에서 남학생들이 끈을 볼 수 있어 싫었어요. 모든 사람들이 사춘기에 불편함을 느끼잖아요"라고 말한 적이 있습니다.
>
> 하지만 차이점은 남의 시선을 의식하거나 이상하게 느끼고 어색한 것이 여성이기 때문이거나 브래지어를 입기 시작하여 여성으로 보이기 때문이 아니라는 점입니다.

사춘기 차단제

차단제는 류프렐린(주사, 월간 또는 3개월마다) 또는 히스트렐린 아세테이트 임플란트(1년 동안 서서히 방출) 형태로 나올 수 있습니다. 이런 약은 소아 내분비학과 의사, 소아 일반의사, 가정의학과 의사 또는 그 사용법을 배운 간호사에 의해 처방될 수 있습니다. 약(성별 확정 호르몬 치료)을 중단하면 사춘기가 다시 시작되므로 이것은 불가역적인 치료가 아닙니다. 차단제를 투여하기 전에 이미 청소년기가 시작된 경우,

유방 축소 또는 고환 축소가 발생하고 음경의 성장이 멈출 것입니다. 발기 빈도도 감소합니다. 음모, 체모, 얼굴 털 및 여드름은 사라지지 않을 것입니다. 아이가 차단제를 시작할 수 있는 시기는 상황에 따라 다를 수 있습니다. 아이가 성별 확장성을 표현하거나 나타내는 신호를 보인 경우, 의사와 상담을 나누어 선택권에 대해 이야기하거나 상담사나 지지 집단을 찾아 더욱 지지적인 부모가 될 수 있도록 노력하십시오.

마음에 담아 가기

- 사춘기와 2차 성징이 시작되기 훨씬 전에 아이와 대화를 시작할 수 있습니다.
- 정확한 정보를 아이와 공유하여 아이들이 자신의 몸과 마음에 대한 최선의 결정을 내릴 수 있도록 도와주세요.
- 성별 위화감이 나타날 수 있는 다양한 예시를 배우고 성별 위화감이 시스젠더 청소년이 사춘기 때 느끼는 일반적인 불편감과는 다름을 이해하세요.
- 사춘기가 다가오는 아이와 함께, 트랜스젠더에 대한 지식이 있는 의료 전문가의 지원을 받을 수 있습니다.
- 아이가 성별 위화감을 표현한다면, 자신에게 맞지 않을 수 있는 2차 성징의 변화를 겪을 필요가 없습니다. 사춘기를 일시적으로 멈출 수 있는 약물의 사용을 고려해 주세요.
- 사춘기가 가까워지는 시기에는 지원 네트워크를 활용할 수 있습니다. 아이와 대화할 수 있는 다른 신뢰할 수 있는 사람은 누구인가요? 어떤 이야기나 책을 활용하여 아이와의 대화를 보완하고 싶으신가요? 아이의 사춘기를 돕는 데 좋은 정보 제공자는 누구인지 알고 계신가요?

제16장
사회적 전환을 준비하기

> 태어날 때 남자로 지정되었던 5세인 도현이는 3세 때부터 '소년이나 소녀가 아님'으로 정체성을 나타내고 있습니다. 도현이는 이제 서우라고 불리고 싶어 하고, '그들'이라는 인칭대명사를 사용하며, 남성적이고 여성적인 옷을 입고 소년이나 소녀로 불리지 않고 싶어 합니다. 서우는 홀로 사용 가능한 전체 성별 화장실과 학교의 '여자' 화장실을 사용하고 싶어 합니다. 서우의 가족은 지지적인데, 서우의 사회적 전환에 어떻게 도움을 줄 수 있을지 확신하지 못하고 있습니다.

서우의 가족은 동네에 다른 가족의 아이가 '그들'이라는 인칭대명사를 사용한다는 것을 들었습니다. 그들은 이 가족과 이야기를 나누고 질문하며 그 가족의 이야기와 경험을 들었습니다. 대화 이후에 마음이 덜 불안하고 준비가 된 것 같았습니다. 서우의 가족은 서우의 사회적 전환 과정 동안 충분한 지원을 받을 수 있도록 어린아이들을 지원하는 트랜스젠더 상담사를 만나기로 결정했습니다.

실천해 보기

실제로, 전환은 각 개인마다 다릅니다. 따라야 할 공식이나 형식은 없지만 아이를 지원하는 방법에 대한 전반적인 지침은 있습니다. 사회적 전환은 어떤 단계가 언제 진행되는지에 따라 매우 개인적인 과정입니다. 이는 이름, 인칭대명사, 외부적 성별 표현을 변경하는 것과 관련될 수 있습니다. 이 과정에서 주변 사람들은 아이의 이름이나 인칭대명사의 전환에 대해 알고 있는지 여부에 따라 다르게 사용할 수 있으며, 낯선 사람은 아이에 대한 가정을 하여 인칭대명사를 잘못 사용할 수 있습니다. 따라서 이러한 혼합된 경험에 대한 감정을 다스리는 것이 어려울 수 있습니다. 아이가 다양한 사람이 전환에 어떻게 반응할지에 대해 긴장하고 어려워할 수도 있습니다. 동시에 새로운 이름이나 인칭대명사가 정확하게 사용되는 것을 경험할 때 적절함, 안도감 또는 기쁨을 느낄 수 있습니다. 어떤 사람들은 전환하는 동안 삶에서 보다 편안함을 느끼기 시작하며 때로는 전환으로 인해 세상과 더 많이 교류할 여력이 생겨난다고 느낄 수 있습니다.

★ 우리는 아이가 이끄는 대로 따르고 전달되는 내용을 듣는 원칙을 존중합니다. 이는 아이에 대한 가정을 만드는 대신 질문을 던지고 아이의 대답을 이해하려 노력하는 것입니다. 이는 아이의 속도에 맞추는 것을 의미하며 어떤 것을 빨리 하거나 느리게 하려고 하지 않는 것입니다.

★ 사회적 전환이 되돌릴 수 없거나 변경할 수 없는 것은 아닙니다. 당신의 아이가 이름이나 인칭대명사에 대해 마음을 변경한다 해도 괜찮습니다. 이로 인해 아이의 정체성이 무효화되거나 피해를 입는 것은 아닙니다. 이를 아이에게 분명하게 말해 주십시오. 삶의 다양한 시점에서 그들이 다르게 느낄 수 있고 다르게 이야기하는 것이 당연히 괜찮다는 것을 알려주어야 합니다.

★ 아이의 성정체성이 사회적 전환을 주도하며 그 반대로 진행되지 않습니다(Yong, 2019). 다른 인칭대명사나 이름을 사용하고 싶어 하는 욕망은 다른 성별과 강한 연관성을 나타냅니다.

★ 신체 부위가 성정체성을 결정하지 않는다는 사실에 대해 이야기하세요. 당신의 아이가 여러 가지 신체 부위와 성정체성의 다양한 예시를 가질 수 있도록 해 주세요. 아이들이 친구나 어른으로부터 신체 부위에 관한 이야기나 질문에 어떻게 대응할지 함께 고민해 볼 수 있습니다. 가족들은 계속해서 사춘기 차단제가 필요한지를 평가하고 의학 전문가와 상담하여 정보와 지침을 얻을 수도 있습니다. 부모님은 또한 출생 증명서, 여권 등의 성별 표시를 변경하는 것이 도움이 될 수 있는 단계인지 논의할 수 있습니다.

일부 사람들은 논바이너리, 에이젠더, '남자나 여자가 아닌 다른 것'을 가진 아이들이 사회적 전환을 원하거나 필요로 하지 않는다고 생각할 수 있습니다. 제가 서우의 이야기를 예시로 제시한 이유는 성정체성을 전달하고 있으며, 그 아이가 지지받기 위해서는 사회적 변화가 필요하다는 것을 이해하는 것이 중요하기 때문입니다. 바이너리 트랜스젠더 아이들이 사회적으로 변화가 필요한 것처럼, 논바이너리 성정체성을 가진 아이들도 사회적 전환을 원할 수 있습니다.

서우는 '여자나 남자가 아닌' 정체성을 표현하고, 새로운 이름과 인칭대명사(그들)를 사용하며, 화장실 선택이 중요하다고 표현했습니다. 서우와 함께, 부모는 사회적 전환을 지원하기 위한 일련의 단계를 밟았습니다. 이제 서우의 가족이 어떻게 접근했는지 살펴보겠습니다.

- 서우의 가족은 자신들의 사회적 관계에서 지지를 받을 수 있는 사람들을 확인했습니다. 처음에는 서우가 새 이름과 인칭대명사를 집에서만 사용하였고, 나중에 그 범위를 확장하려고 했습니다. 어떻게 이 주제를 이야기할 것인지 결정하고, 이러한 변화에 대한 질문에 어떻게 대답할지 서우와 상의했습니다.
- 서우의 가족은 서우와 함께 옷장을 뒤져 보고, 성별 표현을 확장할 수 있는 선택지인 의류나 액세서리 목록을 작성하고 구매 계획을 세웠습니다.
- 권리에 대해 배운 후, 가족은 학교 관리자와 만나 서우의 전환을 알렸으며 관련 교사들에게 알리는 것에 대한 계획을 논의했습니다. 서우의 새로운 이름이 학교 기록과 출석부에 표시될 것이며 대체 교사도 과거 이름을 부르지 않게 될 것임을 이야기했습니다.
- 가족은 교사들의 잘못된 인칭대명사 사용을 어떻게 처리할지와

서우의 화장실 사용에 대한 학생들의 질문에 어떻게 대응할지에 대해 문의하였습니다. 또한 서우의 개인 정보 보호와 응답 방식에 대한 결정을 존중했습니다.
- ★ 가족은 서우의 교사가 "남자아이들과 여자아이들"과 같은 표현을 피하거나 활동을 '남자'와 '여자'로 나누는 방식을 어떻게 피할 것인지에 대해 이야기했으며, 성정체성에 관한 아동용 책을 교실에 기증했습니다. 교육 기관이 전환에 대한 지속적인 지도와 지원이 필요한 경우, 상담가를 추천했습니다.
- ★ 가족은 이웃이나 직장 동료와 같은 외부적 사람에게도 이러한 변화에 대해 어떻게 이야기할 것인지에 대해 논의했습니다.

부모님들은 종종 '탈성전환자(de-transitioners, 이전에 정체성이 트랜스젠더였지만 현재는 트랜스젠더로 정체하지 않거나 이전에 정체한 것과 다른 성별로 느끼는 사람)' 또는 '중단함'에 관한 온라인 게시물을 접하곤 합니다. 저는 그런 글들이 매우 제한적이고 과학적으로 결함이 있는 연구에 기반한다는 것을 알려 드립니다. 예를 들어, 그 연구들은 성정체성과 성별 표현을 혼동하고 연구에서 중도에 포기한 참가자들에 대해 잘못 가정하였습니다. 또한 대부분의 선행 연구는 이분법적 성정체성(남자와 여자)과 이분법적 사고로부터 시작되었습니다. 즉, 정체성이 항상 그리고 영원히 둘 중 하나라는 전제입니다. 다이안 에렌사프트가 말한 대로 "왜 우리는 아이에게 사회가 아직 배우지 않았기 때문에 그들이 아닌 것에 따르도록 요구합니까? 이제 사회에게 가르쳐야 할 때입니다."

연구 결과, '전환'을 보고한 사람 중 '탈성전환'을 보고한 사람은 1% 미만입니다. 그러나 그런 소수의 케이스가 있기는 합니다. 이런 사람들이 모두 후회하는 것은 아닙니다. 후회를 보고하는 사람 중에서는 종종 불만족스러운 수술 결과나 수술 합병증과 관련이 있었고, 자신의 성정체성과 조화를 맞추는 데에 대한 후회와는 달랐습니다. 안타깝게도, 일부 사람들은 트랜스포비아로 인해 주거, 고용, 가족의 거부 등으로 인해 탈성전환해야 할 필요를 느끼는 경우도 있습니다. 언론은 이러한 복잡한 이야기들을 이슈화하여 다루었으며, 반트랜스 단체들은 이 현상의 발생을 과장하여 가족 및 지역 사회가 트랜스젠더들을 지원하지 않도록 방해하려고 합니다.

트랜스 정체성을 가진 상담사와 함께 일하는 것은 가족들에게 실제 경험을 기반으로 한 통찰력을 제공해 줄 수 있을 뿐만 아니라, 많은 사람들이 '아웃팅'한 트랜스 성인과 함께 일해 보지 않았거나 트랜스 전문가와의 경험이 없을 수 있기 때문에 가족의 불안을 완화시켜 줄 수 있습니다. 트랜스젠더 상담사들은 보통 지역 및 국가 커뮤니티의 지원에 연결되어 있으며 다양한 환경과 제공자에 대한 개인적인 경험을 가지고 있을 수 있어 필요한 서비스에 대한 정보가 풍부할 수 있습니다. 물론 트랜스젠더 아이들과 가족을 돕기 위해 훌륭한 이해력을 가지고 지지하고 있는 시스젠더 상담사들도 있습니다. 트랜스젠더인 성인과 함께 일하는 것이 성정체성에 대해 의문을 품거나 성정체성 표현을 탐색하는 아이에게 강력한 긍정적인 메시지를 전달하는 데 얼마나 중요할지 생각해 보세요.

연구 결과에 따르면 아이의 성정체성을 받아들이고 인정하며 사회적 전이를 돕는 것은 무조건적인 사랑과 수용을 제공하지 않는 것과 비교하여 우울증과 불안을 감소시키는 것으로 나타났습니다 (Olson et al., 2016). 사회적 전환은 아이가 친구를 사귀고 가족 외출 및 다양한 활동에 참여하는 데 더 편안하게 만들어 주며 학습에 집중하도록 도와줄 수 있습니다.

부모와 보호자는 아이들이 질문이나 의견에 어떻게 대답하길 원하는지 도와줄 수 있습니다. 예를 들어, 반 친구가 "작년에는 너 남자였지"라고 말하면, "아니, 아니었어. 그냥 어떤 사람들은 그렇게 생각했을 뿐이야" 또는 "내 이름은 ○○이고 ○○로 불러 줬으면 좋겠어" 같은 대답이 될 수 있습니다. 아이 중 일부는 "나는 트랜스젠더야"라고 대답하는 것이 편안할 수 있습니다. 대답은 그 아이의 성격과 말투가 일치하도록 하며 연습을 통해 자신감을 쌓을 수 있도록 도와줄 수 있습니다. 또 다른 예로는 아이가 이름을 선택했다면 "네 이름 너무 좋다! 부모님이 그 이름을 지어 주셨니?"라는 질문에 어떻게 답할지 결정하는 것도 도울 수 있습니다. 당신은 아이와 낯선 사람들이나 지인들에게 어떤 것을 공개할지 결정할 권리가 있으며, 직접적으로 대답하고 싶지 않은 질문은 피하거나 완곡하게 대답하는 팁을 제공할 수 있습니다. "고마워요! 내 이름은 ○○에 영감을 받아서/○○의 의미를 지니고 있어서/○○와 어울려서 좋은 이름이에요."

가끔은 사회적 전환 과정에서 괴롭힘으로 번질 수 있습니다. 아이에게 괴롭힘이 친구들뿐만 아니라 어른들로부터도 올 수 있다는 것을 알려 주셔야 합니다. 아이에게 상황에서의 안전을 판단하고 안전을 위해 필요한 것들을 생각해 보도록 격려하며, 근처 어른들이나 옆에 있는 이들에게 도움을 청하도록 할 수 있습니다. 아이와 함께 상황이 더 악화되는 것을 피하면서 자신감, 힘, 편안함을 표현하는 방법을 연습해 볼 수 있습니다. 아이나 당신 스스로가 신체적인 괴롭힘이나 공격에 대해 걱정하거나 우려하고 있다면, 자기방어 수업, 무술 수업 또는 온라인에서도 이용 가능한 것들을 고려해 보세요. 이를 통해 필요한 경우 더 많은 몸을 보호하는 기술을 가지고 있다고 느낄 수 있을 것입니다.

아이와 함께 지역 및 온라인 지원 그룹과 네트워크를 찾는 것을 도와주세요. 이를 통해 성별 확장성을 가지거나 트랜스젠더인 젊은 이들로부터 지원을 받을 수 있습니다. 위기 상황에 연락할 수 있는 트랜스젠더를 위한 생명의 전화도 가지고 있는지 확인하세요. '젠더 스펙트럼(Gender Spectrum)'은 국가적인 온라인 지원 그룹을 찾을 수 있는 곳입니다. 또한 '트레버 프로젝트(Trevor Project)'는 채팅 위기 상담과 전화 라인을 제공하고 있습니다. '트랜스 라이프라인(Trans lifeline)'은 트랜스가 주도하고 트랜스 직원들로 이루어진 트랜스젠더를 위한 생명의 전화입니다. 아이가 괴롭힘을 경험하거나 비지지적인 학교 환경을 경험하고 있거나 성별 확장적인 친구가 많이 없을 경우, 트랜스젠더 정체성을 가진 아이들을 위한 여름 캠프를 찾아보실 것을 고려해 보세요. 그렇게 하면 아이가 친구와 성인들과 함께 긍정적인 경험을 할 수 있을 것입니다.

마음에 담아 가기

- 자녀의 사회적 전환은 그들의 성정체성이 받아들여지는 것을 느낄 수 있도록 도와주며, 친구들과 자신감 있게 상호작용하고 사회 그룹에 안전하게 속해 있을 수 있도록 도움을 줄 뿐만 아니라 새로운 상황과 새로운 사람들을 마주할 때 더 적은 불안을 느끼도록 해 줄 수 있습니다.
- 사회적 전환 과정 중 어려운 순간들이 있을 때 필요한 도움을 염두에 두세요.
- 수용을 의도적으로 전달하고 자녀에게 안정감을 제공하세요.
- 사회적 전환 과정에서 부모와 보호자들이 느끼는 다양한 감정에 놀라지 마세요. 유사한 경험을 겪은 다른 사람들을 찾아 고립감을 줄이고 격려를 받을 수 있습니다. 때로는 전문적인 상담도 동일한 이점을 제공할 수 있습니다.
- 무의식적으로 전달할 수 있는 비언어적 메시지를 인식하세요. 여자로 지정된 아이의 침대를 핑크와 보라로 꾸미고 남자로 지정된 아이의 침대를 녹색과 파랑으로 꾸몄나요? 아이가 될 수 있는 무궁무진한 범위에 제한을 한 것은 아닌지요? 그렇다면 이에 대해 자녀와 이야기하고 이를 통해 배운 것을 이야기하세요.
- 자녀의 정체성이나 인칭대명사를 전달하는 방식에서 타인의 질문에 자신감 있는 대답으로 아이의 롤모델이 되어 주세요.
- 사랑에 기반을 두세요. 최대한 불안보다 사랑이 이끌게 두세요.
- 자녀에게 정체성을 지지하고 무조건적인 사랑을 보여 주는 것이 잘못된 것이 아니라는 사실을 기억하세요!
- 무조건적인 사랑을 자녀에게 활발히 보여 주고 있다는 것에서 기쁨을 느끼세요.

제4부

자주 묻는 질문과 답변

제4부에서는 성정체성, 성별 표현, 성별 확장 아동 또는 트랜스 청소년 양육 등에 대해 자주 묻는 질문에 답할 기회를 갖고자 합니다. 제4부의 질문들은 제가 여러 사람과 함께 작업할 때, 내담자와 내담자의 가족과 함께 작업할 때, 또는 다른 부모들과 대화할 때 나오는 질문들입니다. 모든 질문을 포함하지는 못했지만, 당신이 궁금했던 것을 여기에서 찾을 수 있기를 바랍니다.

 **질문 1**

이것은 모두 저에게 일종의 새로운 것이고 제가 전에 많이 생각해 본 적이 없는 것이지만, 지금은 정말로 노력하고 있습니다. 저는 제 아이들이 자유롭게 자기 자신이 되기를 원합니다. 저는 제 삶에서 몇 가지를 바꿔야 한다고 확신하지만, 어디서부터 시작해야 할지 잘 모르겠습니다. 성별 이분법적 고정관념과 언어에서 벗어나려고 노력하는 부모와 보호자에게 조언을 해 주실 수 있을까요?

당신의 언어와 생각을 바꿀 준비가 되어 주서서 감사합니다! 우리 모두는 배워야 할 것들이 있고, 이것은 우리 모두가 연습해야 할 것들이 있다는 것을 의미합니다. 첫 번째 단계는 성별 용어를 얼마나 자주 사용하거나 고정관념적인 방식으로 생각하는지 인식하는 것입니다. 자녀나 친구들에게 성별이 있는 단어, 문구 또는 고정관념을 들을 때마다 당신에게 '알려 달라고' 요청하세요. 이것은 가벼운 마음으로 연습할 수 있고 언어 사용 방법에 대한 인식을 높일 수 있습니다. 다음으로, 특정 사항을 말하는 보다 포괄적인 방법에 대해 생각해 보세요(예: '부모와 보호자'라는 표현 대 '엄마와 아빠'라 표현). 이것을 연습하고 아이들에게도 이런 말을 하는 방법을 가르쳐 주세요. 주변 사람들이 그들이 잘 모르는 사람들의 성별을 판단하고 성별 이분법적으로 명명하는 걸 알아차렸을 때, '그 사람'이라는 표현을 사용하라고 알려 주세요. 그 사람을 보기만 해서는 그들의 성별을 알 수 없습니다. 이것은 당신과 다른 사람들에게 성정체성이 성별 표현과 다를 수 있으며, 성정체성은 외모에 의존하지 않는다는 것을 상기시켜 줍니다. 아이들이 지정된 성별 때문에 특정 일을 하는 것을 꺼려할 수 있다는 점을 알아차려 보세요. 그리고 자녀들이 기분 좋게 느끼고 옳다고 느끼는 일을 하려고 할 때, 부모로서 당신이 지지한다는 걸 알게끔 하기 위해서, 이러한 성별 고정관념 관련 신념들에 도전하세요.

다양한 인칭대명사와 경칭을 사용하는 다양한 성별의 사람이 만든 여러 콘텐츠를 보고 들어 보세요. 이러한 행동들은 당신이 관련 어휘를 더 많이 흡수하는 데 도움이 될 수 있습니다.

> **행동하기** 뉴스 기사, 소셜 미디어 게시물 또는 책의 일부를 가져와서 성별에 따른 언어를 주목해서 살펴보세요. 성별을 포용하는 용어를 사용하여 그 줄을 다시 쓰는 연습을 해 보세요. 친구, 가족, 동료 또는 이웃 등 도움을 받을 수 있는 관계들을 정리해 본 뒤에, 15분 타이머를 설정하세요. 이들과 대화를 나누고 성별 이분법적인 단어가 사용되는지 들어 봐 달라고 하세요. 그리고 그런 표현들을 어떻게 다르게 말할 수 있는지 생각을 나누어 보세요.
>
> '성별 고정관념' 통을 만들어 보세요. 당신이나 가족 구성원 중 누구라도 속한 사회 내에서 성별 고정관념을 목격(직접적으로 말을 했거나)했을 때마다 동전을 그 통에 넣으세요. 당신의 자녀는 홈리스 트랜스젠더 청소년을 위한 프로그램, 학교나 종교 집단을 대상으로 성정체성과 표현에 대한 교육을 제공해 주는 프로그램이나 바인더, 패커 등 성별 긍정을 돕는 물품들을 필요로 하는 아이들이나 청소년들에게 기부하는 단체들을 찾아보는 등 어디에 기부할지를 결정하는 데 도움을 줄 수 있습니다.

 **질문 2**

저는 제 아이들에게 판단하지 않고 포용하는 법을 가르치고 싶습니다. 하지만 때때로 제 아이들은 누군가에게 상처를 줄 것이라는 것을 알면서 말을 하거나, 불쾌하고 공격적으로 들리는 말을 합니다. 저는 그러한 행동들이 아이들의 나이와 발달 단계의 일부분이라는 걸 알고 있지만, 여전히 아이들과 함께 노력을 해 나가고 싶습니다. 열린 마음을 가진 아이들로 키우려면 제가 어떻게 해야 할까요?

우리 아이들이 판단적으로 들리거나, 이분법적인 틀 안에 있거나, 타인에게 완전히 상처를 주는 말을 할 때, 우리는 그들이 다른 관점에서 사물에 대해 생각하도록 유도하는 질문을 할 수 있습니다. 우리는 우리 자신의 언어와 다른 사람들에 대해 말하는 방식을 점검함으로써, 포용적이고 개방적이며 존중하는, 타인을 생각하는 방식을 모범적으로 보여 줄 수 있습니다. 우리는 자녀들이 상처를 주는 말을 했을 때 그것이 괜찮지 않다는 것을 분명히 할 수 있고 그것이 왜 상처를 주거나 공격적인지 설명할 수 있습니다. 다양한 정체성을 축하하고, 다양한 사회적 관계와 단체와의 교류를 유지하며 다른 사람들에 대해 긍정적으로 이야기하는 것들은 우리 자녀들이 비판단적이면서도 포용적인 방식을 배울 수 있는 방법 중 하나입니다.

행동하기 자녀와 교대로 '공감 게임'을 하세요. 시나리오를 연기하고 그들에게 공감을 보여달라고 요청한 다음 역할을 바꿔 보세요. 당신 자신의 사회적 관계망을 평가해 보세요. 만약 그것이 다른 정체성과 성별 표현을 대표하지 않는다면, 더 다양한 집단의 사람들과 진정한 관계를 구축할 수 있는 방법에 대해 생각해 보세요. 당신이 속한 사회적 관계들에는 트랜스젠더, 논바이너리, 투 스피릿, 그리고 성별 확장적인 사람들을 위한 모임이 있나요? 그들의 일을 지원하고 그 집단의 사람들과 함께하기 위해 시간을 낼 수 있나요? 그들의 공개 행사에 참석하고 그들의 활동을 지지하기 위한 기부를 하나요? 그렇지 않다면, 일반적인 성소수자 지원 센터나 집단이 있을 수도 있겠죠. 그렇지 않으면, 그 외에 어떻게 당신의 네트워크를 확장할 수 있을까요? 다양한 정체성을 가진 사람들을 끌어들이는 활동이나 커뮤니티 공간을 생각해 보시고, 당신이 어떻게 참여할 수 있는지 생각해 보세요.

다른 사람들에 대해 정중한 방식으로 말하는 모델링을 해 보세요. 예를 들어, 당신 아이가 당신이 다른 사람에 대해서 판단하는 말을 하는 걸 들었을 때, 아이가 당신에게 알려 주거나, 손 신호를 보내거나 혹은 다른 방식으로 의사소통을 할 수 있도록 하세요.

 **질문 3**

제 아이는 5세이고 여러 성별에 대한 지식을 가지고 자랐고, 사람들에게 인칭대명사를 묻는 법을 배웠고, 다양한 성정체성을 가진 사람들과 함께해 왔습니다. 제 아이가 3세 때 자신이 여자라고 말했습니다. 지난 한두 해 동안 제 아이는 점점 고집스러워졌고, 성별에 대해서 판단하기 시작했습니다. 제 아이는 고정관념을 강요하고("남자아이는 립스틱을 바르면 안 돼!"), 그렇게 하지 말라고 배웠음에도 불구하고 자신이 잘 모르는 사람들을 성

> 별 이분법적으로 판단하고 명명하고, 최근에는 오직 여자아이들이랑 여성들이랑만 같이 놀고 싶다고까지 이야기했습니다. 우리가 이런 종류의 생각을 피하기 위해 열심히 노력해 왔는데도 불구하고, 아이의 이러한 행동이 어디에서 오는지 또는 어떻게 대처해야 할지 잘 모르겠어서 저는 갈 길을 잃은 기분입니다.

먼저, 자녀에게 다양한 성별에 대해 가르치고 인칭대명사를 가정하고 묻는 것을 알려주기 위해 해 오신 노력에 감사드립니다. 저는 책의 앞부분에서 우리가 집에서 최선을 다했음에도 불구하고, 우리 아이들은 다른 사람들과 다른 사고방식을 가지고 있을 것이며, 때로는 성별에 대한 제한된 견해로 하루 중 더 많은 시간을 보낼 것이라고 이야기한 바 있습니다. 그와 함께, 어린아이들은 그들만의 방식으로 세상을 이해하려고 노력하고 있으며, 때로는 엄격한 '규칙'이나 범주를 갖는 것이 그들에게 더 쉽거나 편안하다고 느낄 수 있습니다. 부모와 보호자로서, 우리는 우리가 가지고 있는 가치와 지식을 계속 강화할 수 있을 뿐만 아니라 생각을 자극하기 위해 질문을 할 수 있습니다(예를 들어, "그 사람의 인칭대명사를 어떻게 알 수 있어? 그들이 너에게 말했니?" 또는 "왜 그 사람이 여자라고 생각해? 그 사람이 가질 수 있는 다른 성별이 있을까? 그 사람들이 너에게 그들의 성별을 어떤 식으로 말해 주었어?"). 다양한 성정체성 및 표현을 가진 사람들과의 관계를 지속하는 것은 자녀의 이분법적 사고나 제한된 환경에서 균형을 맞출 수 있습니다.

> **행동하기** 생각을 자극하는 질문을 하세요. 미디어를 혼합하여 자녀가 다양한 사람들의 표현에 정기적으로 노출되도록 하세요. 다양한 커뮤니티와의 관계를 만들어 가고 유지하세요. 공감과 친절을 가르치고 모범을 먼저 보여 주세요.

 질문 4

저는 제 아이들에게 너희들이 원하는 것은 무엇이든 가지고 놀 수 있고, 좋아하는 어떤 활동이든 할 수 있다고 말했지만, 아이들은 여전히 지정된 성별에 따른 고정관념에 사로잡힌 것 같습니다. 그것은 단순히 아이들이 자연스럽게 좋아하는 것 때문인가요? 아니면 다른 이유가 있는 것일까요? 제가 또 뭘 할 수 있을까요?

당신과 당신의 가족을 모른 채 이 질문에 대답하기는 어렵지만, 저는 보통 성인들 사이에서 공유되는 가정에서의 성별 고정관념에 대해 묻습니다. 집에서 무엇을 모델링하거나 보여 주나요? 집안일은 어떻게 나눠나요? 집안의 가족들은 어떤 종류의 직업을 가지고 있고 각각 가족 안에서 어떤 역할을 맡나요? 어른들은 그들의 성별을 어떻게 표현하나요? 우리 대부분은 고립된 환경에서 아이들을 양육하지 않기 때문에, 아이들은 사회적 메시지를 흡수하고, 어떤 행동과 표현이 인정받고, 어떤 행동이 처벌되거나 지지되지 않는지 관찰합니다. 물론, 가족적 영향력이 유일한 요인은 아니며, 많은 경우, 집은 아이들이 가장 적은 시간을 보내는 곳입니다. 당신의 자녀들은 현재 그들을 무의식적으로 잡아당기고 있는 것들을 진심으로 좋아하는 것일 수도 있고, 나중에 알고 보니 그렇지 않았지만, 사회적 기대에 맞춰야 한다는 압박을 느꼈던 것일 수도 있습니다. 이 책의 전략과 권장 사항을 수행하면 자녀가 새로운 방식으로 자신을 인식하거나 다른 방식으로 성별을 표현하기를 원할 경우 지지를 느낄 수 있는 긍정적인 가정환경을 조성하는 데 도움이 될 수 있습니다.

행동하기 장난감이나 아이들의 활동을 선택할 때 외에 집에서 의도치 않게 발생할 수 있는 여러 성별 고정관념에 대해 스스로 확인해 보세요. 가족과 아이들을 위한 선택지로서 어떤 유형의 활동을 계획하고 제공하는지에 대해 신중하게 생각해 보세요. 아이들에게 다양한 기회가 있음을 알려 주고, 다른 사람들이 많이 하지 않거나 성별 이분법에 중심을 둔 것처럼 보이는 일이라도 자녀들의 모든 관심사를 지지할 것임을 확신시켜 주세요. 성별 고정관념과 관련 예시들에 대해서 구체적으로 함께 이야기를 나누어 보세요. 당신의 자녀가 왜 이러한 고정관념을 가지는지, 그리고 만약 자녀들이 원한다면 어떻게 그러한 고정관념을 거부할 수 있는지 생각해 볼 수 있게 도와주세요. 당신 자녀의 관심은 시간에 따라서 유동적일 수 있습니다.

질문 5

만약 제가 시스젠더이고 이성애자라면, 제 사회적 관계망을 확장하려고 노력하는 것 외에 저의 아이들이 다양한 성정체성과 표현에 노출되도록 할 수 있는 방법들에는 어떤 것들이 있을까요?

당신이 할 수 있는 한 가지는 만화, 음악, 유튜브와 틱톡의 인물과 쇼, 책, 그리고 다양한 성정체성과 표현을 가진 캐릭터를 포함하는 다양한 미디어를 찾는 것입니다. 먼저 그것들을 미리 보고 나서 당신의 자녀들과 그에 대해 이야기하세요. 당신의 아이들이 노출되는 대부분의 미디어는 시스젠더와 이성애자에 초점을 맞추고 있습니다. 이 세상에는 확장된 성별을 지닌 애니메이터, 작가, 음악가들이 있습니다. 자녀가 성별이 다양한 콘텐츠를 경험할 수 있는 기회를 갖게끔 하여, 자녀들이 자신에게 열려 있는 모든 가능성에 노출되어 성장할 수 있도록 하세요.

행동하기 친구나 파트너와 함께 미리보기 파티의 밤을 준비하고 만화, 유튜브 비디오, 틱톡 비디오, 영화 또는 성별이 확장된 캐릭터와 사람들이 등장하는 뮤직 비디오를 시청하세요. 그것들에 대해 토론하고 아이들과 함께 함께 보는 파티를 계획하기 위해 몇 가지를 선택하세요. 우선 재미있게 준비하세요! 이 콘텐츠가 자녀의 미디어 소비에 자연스럽게 스며들어 정상화되도록 하려면, 당신이 미리 준비하고 고른 콘텐츠를 보기 위해 의도적으로 일정을 잡으세요(이를 특별한 이름으로 명명할 필요는 전혀 없습니다. 그것은 단지 전형적인 가족 행사여도 됩니다). 당신은 또한 당신의 자녀들에게 당신이 모르는 성별 확장 캐릭터가 등장하는 쇼를 보거나 들어 본 적이 있는지 물어볼 수 있습니다.

 **질문 6**

4세인 우리 집 아이가 저에게 자기는 남자라고 했습니다. 제가 "안녕, 꼬마 아가씨" "꼬마 아가씨, 제발!" 혹은 다른 비슷한 여성과 관련된 표현을 쓸 때 애 얼굴에서 미소가 사라지는 것을 보았습니다. 한번은 아이가 저에게 자신이 어른이 되면, 남성 성기를 키울 수 있냐고 물었습니다. 제 아이는 유치원에 가고 싶어 하지 않았고 너무 화가 난 상태여서, 어린이집에 맡기고 나올 때마다 마음이 무겁기 시작했습니다. 아마도 아이의 현재 상황이 제가 이전에 성별 위화감에 대해 들은 내용들이랑 관련이 있는 것처럼 보입니다. 저는 제 아이를 위해 제 아이를 지칭할 때 남성을 지칭하는 인칭대명사나 표현을 써야 할지 궁금해지기 시작했습니다. 저는 지금 이 상황이 어디로 향할지 두렵지만 내 아이가 우울하거나 고통스러워하는 것을 원하지 않습니다. 제가 어떻게 해야 하나요?

자녀가 당신에게 전달하려고 할 수 있는 것들에 주목하고 진지하게 받아들여 주셔서 감사합니다. 아직 실천하지 않았다면, 자녀에게 당신이 관찰하고 듣고 있는 것을 알리고, 더 많은 것을 알려 주고 이해하도록 도와달라고 요청하는 것으로 시작할 수 있습니다. 그리고 당신의 아이에게 "만약 무엇이든 바꿀 수 있는 마술 지팡이가 있다면, 너는 무엇을 다르게 하고 싶어?"라고 물어볼 수 있습니다. 자녀에게 당신이 네 편(네가 원하는 성별 관련한 표현을 쓰는)에 있을 거고, 도움이 될 수 있는 자원을 찾는 데 도움을 줄 것이라고 알려 주세요.

자녀의 욕구와 필요에 대해 더 많이 알게 되면, 사회적 전환이 성별 위화감을 정말로 줄일 수 있다는 것이 분명해질 것입니다. 만약 당신이 길을 잃었다고 느끼고 무엇이 아이를 위해 최선인지 또는 무슨 일이 일어나고 있는지 알기 위해 정말로 지원이 필요하다면, 온라인 또는 성별 확장 아이들의 부모를 위한 지지 집단과 당신의 가족을 위해 트랜스젠더에 대해 긍정적이고 옹호적이며 지식이 풍부한 상담센터 또는 아동 심리상담전문가를 찾아보는 것을 권장합니다. 이러한 노력은 당신과 당신의 자녀가 사회적 전환을 위한 최선의 과정을 알아내는 데 도움이 될 수 있고, 함께 해 나가는 과정을 통해 당신을 지원할 수 있습니다.

> **행동하기** 자녀에게 당신이 관찰하고 있다고 생각하는 것에 대해 질문하고, 자녀가 스스로 가능한 선택지에 대해 알 수 있도록 아이디어나 시나리오를 제시해 보세요. 그 과정에서 부모로서 자신에게 필요한 지원들을 찾아보시기 바랍니다.

 **질문 7**

> 7세인 제 아들 수현이는 지정 성별이 남자아이지만, 가끔 치마나 발레복 치마를 입거나 매니큐어 바르는 것을 좋아합니다. 우리 가족은 이를 지지하며 "어떤 옷이든 어떤 몸이든 다 어울린다"라고 말해 왔습니다. 하지만 수현이가 그런 옷을 입고 밖에서 놀거나 공공장소에 갈 때면 긴장이 됩니다. 이웃들이 "수현아, 오늘 코스튬 의상 입은 거야?" 또는 "그거 네 누나 치마야?" 같은 말을 한 적이 있었죠. 수현이가 치마를 입고 매니큐어를 바른 날 우리가 곁에 없을 때 누군가 더 심한 말을 하거나 그런 질문을 할까 봐 두렵습니다. 그런 말들에 어떻게 대응해야 할지 정말 모르겠어요.

자녀의 성별 표현에 대한 질문이나 댓글에 어떻게 대응해야 할지 잘 모를 수 있습니다. 특히 일부 사람들이 성별 표현에 대한 지식이 부족하거나 다양한 성정체성에 대한 경험이 적다는 것을 알고 있다면 더욱 그럴 수 있습니다.

어떤 관계에서 더 많은 설명이나 대화가 필요한지를 미리 파악해 두는 것이 도움이 됩니다. 예를 들어, 수현이가 치마를 입고 매니큐어를 바르는 것을 좋아한다는 사실을 몇몇 사람과 이야기할 때 당신은 수현이의 이런 선택을 지지하며, 공동체에서도 그를 존중하고 지지해 주기를 바란다고 말할 수 있습니다.

가끔 마주치는 낯선 사람이나 지인들이 의견을 말하거나 질문을 할 때를 대비해 미리 답변을 준비해 두는 것도 유용합니다. 예를 들어, "자녀가 남자아이인가요, 여자아이인가요?"라는 질문에는 간단히 "수현이는 남자아이예요"라고 대답할 수 있습니다. "드레스를 입은 저 남자아이 말인가요?"라는 질문에는 "네, 드레스는 누구나 입을 수 있어요" 또는 "저는 아이가 자신의 방식대로 표현하는 것을 존중해요"라고 답할 수 있습니다. 또는 좀 더 적극적으로 "우리 가족은 모든 성별과 표현을 존중하고 지지해요. 아이들이 자기 자신을 표현할 수 있다는 것은 달콤한/끝내주는/멋진/아름다운/(당신이 선택한 단어) 것 같아요! 우리 모두가 그렇게 할 수 있으면 좋겠네요"라고 이야기할 수도 있습니다. 아이들과의 대화는 어른들과의 대화와는 다를 수 있습니다. 놀이터에서 다른 아이들과 나누는 대화는 짧은 교육의 기회가 될 수 있습니다.

다른 부모들이나 보호자들에게 자녀에 대해 다른 사람들과 어떻게 이야기하는 것을 선호하는지 물어보고, 필요한 도움을 받으세요. 만약 주변에 그런 사람들이 없다면 온라인에서 비슷한 경험을 공유하고 아이디어를 나누는 사람들을 찾아볼 수 있습니다.

> **행동하기** 자녀에게 자신에 대한 질문이나 말들에 부모가 어떻게 대응하길 바라는지 물어보세요. 미리 답변을 연습해 둔다면, 실제로 그런 상황이 되었을 때 자신감 있게 대응할 수 있을 거예요.

질문 8

아이들이 학교에서 우리 아이를 괴롭히는 것 같습니다. 아이가 몇 번 울면서 집에 왔고, 여러 아이가 상처 주는 말을 하고 비웃었다고 이야기했습니다. 특히 한 아이는 다른 아이들에게 제 아이를 비웃고 아이가 싫어하는 말을 하게 시키고 있습니다. 아이를 생각하면 너무 화가 나고 슬픕니다. 원래는 학교에서 자신을 자유롭게 표현할 수 있다는 것에 신났었는데 지금은 그저 지쳐 있는 것처럼 보입니다. 상황을 더 이상 악화시키고 싶지 않은데, 어떻게 해야 할까요?

먼저, 자녀와 대화하세요. 아이에게 당신이 관심을 갖고 있고, 열린 마음으로 경청하고 있으며, 아이의 경험을 듣고 싶어 한다는 것을 알려 주세요. 다음으로, 학교 측에 연락해서 또래괴롭힘을 해결하기 위해 어떠한 대응 방법이 있는지 문의하세요. 학교가 구체적인 조치를 취할 수 있도록 협력하고, 부모로서 개입이 필요한 경우 당신과 소통할 수 있음을 학교에 분명히 알리세요. 자녀의 자존감과 자신감을 키우기 위해 아이와 함께 노력하는 것이 중요합니다. 괴롭히는 아이들을 멀리하고 괴롭힘에 휘말리지 않으려면 힘과 자신감이 필요하다는 점을 알려 주세요. 때로는 괴롭힘을 당할 때 바로 피하기보다는 침착하고 차분하게, 자신감 있게 대응하는 것이 더 효과적일 수 있습니다. 자녀가 하고 싶은 말을 미리 생각해 보도록 도와주세요. 예를 들어, "네가 무슨 말을 하든 난 내가 누군지 알아. 네가 어떻게 생각하든 상관없어. 난 나 자신을 좋아해. 네가 내 성별을 이해하지 못하는 건 네 문제지, 내 문제가 아니야"라고 말할 수 있습니다.

자녀가 친구 관계와 지지체계를 넓힐 수 있도록 돕는 것도 필요합니다. 아이가 학교뿐만 아니라 다른 공동체 공간에서도 친구를 사귀고 신뢰할 수 있는 어른 멘토와 관계를 형성하도록 격려해 주세요. 성정체성을 공유하거나 괴롭힘을 당한 비슷한 경험이 있는 다른 아이들과 이야기할 수 있는 기회를 갖는 것도 좋은 방법입니다. 상담자나 부모 집단을 통해 아이들이 서로 만나고 관계를 맺을 수 있도록 도울 수 있습니다. 자녀가 어떻게 지내고 있는지 물어보고 자주 확인하세요. 자녀에게 관심과 애정, 연민과 진심으로 존중하는 마음을 표현하세요.

행동하기 또래괴롭힘은 심각하고 지속적인 영향을 미칠 수 있으므로 부모와 보호자가 이를 무시하거나 시간이 지나면 해결이 될 것이라고 기다리지 말고 즉각 대응하는 것이 중요합니다. 화가 날 수 있지만, 그 감정이 자녀의 상황을 악화시키거나 괴롭힘을 심화시키지 않도록 주의해야 합니다. 어떤 조치를 시도하더라도 시간이 걸린다는 점을 기억하세요. 만약 학교가 문제를 제대로 해결하려고 하지 않거나 절차가 효과적이지 않은 경우, 자녀를 더 적극적으로 보호하고 옹호해야 할 수도 있습니다. 상황을 어떻게 대처해야 할지에 대해 객관적으로 조언을 해 줄 수 있는 친구나 상담자와 이야기를 나누는 것도 도움이 될 수 있습니다. 자녀가 괴롭힘을 겪으면서도 자신감을 잃지 않고 회복탄력성을 키울 수 있도록 자녀가 개발할 수 있는 몇 가지 중요한 기술과 특성을 생각해 보는 것이 좋습니다. 자녀가 또래 친구들과 건강한 우정을 쌓을 수 있도록 돕고, 자녀를 지지해 줄 성인 멘토를 찾아보세요. 특히 자녀와 성정체성을 공유하는 성인 멘토가 있다면 도움이 될 것입니다.

 **질문 9**

자녀의 사회적 전환을 준비하면서 우리 가족을 도울 상담자를 찾고 싶습니다. 우리에게 적합한 전문가를 선택하기 위해 상담자를 찾을 때 어떤 점을 고려해야 하고 어떤 질문을 하는 것이 좋을까요?

많은 상담자가 자신을 성소수자 친화적인 상담자라고 홍보합니다. 하지만 상담자가 특히 '트랜스젠더'에 대해 잘 이해하고 있는지 트랜스젠더 및 다양한 성정체성을 가진 내담자를 상담한 경험이 있는지 구체적으로 물어보는 것이 중요합니다. 당신의 경우에는 상담자 본인이 다양한 성정체성 중 하나로 정체화하거나 트랜스젠더이면서 성정체성이 다양한 아동과 청소년을 상담한 경험이 있는지 확인하는 것이 좋습니다. 상담자에게 전화를 걸거나 이메일을 보내서 상담자가 트랜스젠더로서의 경험이 있는지, 다양한 성정체성을 가진 아동을 몇 명이나 상담했는지 물어볼 수 있습니다. 만약 당신이 거주하는 지역에서 두 가지 조건에 모두 충족하는 상담자를 찾기 어렵다면, 우선순위를 정해 상담자를 선택하는 것이 필요할 수도 있습니다.

상담자를 찾을 때, 상담자가 지역 자원에 대한 지식이 있는지, 학교에서 당신이 누릴 수 있는 권리를 안내할 수 있는지, 사춘기 차단제 및 성별 확정 호르몬 치료를 처방하는 의사를 추천해 줄 수 있는지, 지지 집단에 대한 정보를 제공할 수 있는지 물어보는 것이 중요합니다. 만약 상담자가 대형 기관이나 상담센터에서 근무하고 있다면, 행정 및 사무 직원과의 상호작용이 어떤 식으로 이루어질지, 그 직원들이 다양한 성정체성을 긍정적으로 지지하는 교육을 받았는지도 확인해야 합니다. 상담자가 보험 청구를 위한 서류를 제공하는지, 보험 처리를 어떻게 도와주고, 이 절차들이 어떻게 운영되는지 문의할 수 있습니다. 만약 상담자를 만나 본 후 당신이나 자녀가 상담자와 맞지 않거나 적절한 도움을 받기 어렵다고 느낀다면 상담자에게 다른 상담자를 추천해 달라고 요청하거나 직접 새로운 상담자를 알아보겠다고 알릴 수 있습니다. 물론 당신이나 자녀와 인종적 혹은 민족적 정체성을 공유하는 상담자를 찾는 것도 하나의 방법입니다. 만약 상담자가 트랜스젠더에 대해 지지적이지만 당신과 인종적 배경이 다르다면 신뢰할 수 있는 같은 인종적/민족적 배경의 상담자를 추천해 달라고 요청할 수도 있습니다.

> **행동하기** 미래의 상담자에게 물어볼 질문 목록을 작성해 보는 것은 매우 유용할 수 있습니다. 상담자를 선택할 때 고려해야 할 우선순위를 평가하는 것도 중요합니다. 상담자를 구할 때 입소문이나 평판을 참고하는 것도 좋은 방법입니다. 지역에 따라 트랜스젠더 커뮤니티에서 추천한 상담자 목록을 온라인에서 찾아 이를 활용하는 것도 도움이 될 수 있습니다.

질문 10

저는 제 아이를 지지하며 우리 가족이 긍정적이고 지지적인 환경을 제공하고 있다고 생각합니다. 하지만 가끔 공공장소에서 제가 원치 않는 시선을 받는 상황에서는 조금 복잡한 감정들이 생기는 것 같습니다. 얼마 전 6세가 된 우리 아이가 놀이터에서 "나는 논바이너리야!"라고 외쳤는데, 다른 부모님들이 저를 쳐다보는 것을 보며 두려움, 걱정, 당혹감을 느꼈습니다. 제가 그런 감정을 느낀다는 사실을 인정하기 부끄러우면서도 동시에 조금 놀라기도 했습니다만, 그게 사실이었습니다. 이런 감정을 어떻게 다루면 좋을까요?

당신이 느낀 바를 솔직하게 표현해 주시고 어떻게 해야 할지 고민하고 물어봐 주셔서 감사합니다. 이러한 순간을 대하는 방식을 바꾼다면 감정도 조금씩 달라질 수 있습니다. 이 문제를, 자녀가 자기 자신을 탐색하고 자랑스럽게 표현하는 상황이라고 생각해 볼 수 있습니다. 자녀가 자신이 누구인지 다른 사람들에게 말할 수 있다는 것은 매우 긍정적인 일입니다. 다른 사람들이 이를 이해하지 못하거나 좋아하지 않을 때 잠시 어색할 수 있지만, 당신은 그 순간에 자녀가 어떤 느낌을 받기를 원하시나요? 부모가 부끄러워했다는 느낌인가요, 아니면 부모가 자랑스러워하고 축하해 주는 모습을 보여주고 싶은가요? 장기적인 관점에서 보면 때때로 불편한 감정들을 내려놓고 자녀를 지지하는 것이 자녀에게 도움이 될 수 있습니다.

당신 또한 주변의 지지가 필요할 수 있습니다. 비슷한 상황에 처한 다른 가족들을 만나면 당신이 한 경험이 지극히 정상이라는 것을 깨닫고, 자신감과 용기를 높이는 데에 도움이 될 것입니다. 자녀를 키우다 보면 때때로 해결되지 않은 우리 자신의 불안감이 드러나기도 합니다. 그 순간 최선의 부모 역할을 하기 위해서는 치유자, 상담자 또는 영적 지도자와 함께 우리 자신의 문제를 이야기하고 다룰 필요가 있을 수도 있습니다.

> **행동하기** 부모로서 자녀를 양육하는 과정에서 자녀가 어떤 경험을 했으면 좋겠는지 '큰 그림'을 그려 보고 그 목표가 무엇인지 적어 보세요. 그 '큰 그림'을 실현하기 위해 당신이 어떻게 최선을 다할 수 있는지 구체적으로 적어 보세요. 자기-자비를 연습하세요. 부모 또한 다양한 감정을 가진 사람입니다. 중요한 것은 우리가 그 감정을 어떻게 다루느냐입니다. 우리 자신을 지지해 줄 수 있는 것들을 찾고, 불안감이나 두려움을 파악하고 해결하도록 노력하세요. 자녀 양육에 있어 자존감을 높이고 용기를 북돋아 줄 수 있는 사람들을 곁에 두고 함께하세요.

질문 11

3세인 손자가 손톱에 매니큐어 칠하는 것을 좋아합니다. 저는 게이와 트랜스젠더를 지지하지만, 손자가 아직 어려서 그런 것들을 이해하기에는 너무 이르다고 생각하기 때문에 매니큐어를 칠하게 두어서는 안 된다고 생각합니다. 저는 맹세하건대 동성애 혐오자가 아니고, 손자가 십대 또는 성인이 되어서 무엇을 결정하든 전적으로 지지할 것입니다. 손자가 다시는 매니큐어를 칠하지 못하게 하는 것이 옳다고 생각하시나요?

이런 상황에서는 무언가를 결정하거나 반응하기 전에 가족들이 잠시 멈춰서 생각해 보는 것이 좋습니다. 스스로에게 몇 가지 질문을 해볼 수 있습니다. 손자는 매니큐어를 한 손톱이 화려해서 좋아하는 걸까요? 손자가 좋아하는 어른들이 매니큐어를 칠하기 때문에 따라 하는 것은 아닐까요? 왜 매니큐어를 성적 지향이나 성정체성과 연관 짓게 되는 걸까요? 손자의 말 또는 행동 때문에 그런 생각을 하는 걸까요? 나는 왜 어린아이가 다양한 성별 표현이나 성정체성을 정하지 못하게 막으려는 걸까요? (성별 표현은 성정체성이나 성적 지향과는 다릅니다.) 이런 질문들을 솔직하고 진지하게 생각해 보면 답을 찾을 수 있을 것입니다.

행동하기 먼저 잠시 멈추고 숨을 고르세요. 그런 다음 깊이 생각해 보세요. 지금 떠오르는 생각과 불안이 무엇인지 파악하세요. 자신에게 솔직하게 질문을 던져 보세요. 두려움에 휘둘리기보다는 긍정적이고 지지적인 자세를 선택하기로 결심하세요.

질문 12

10세인 조카(여)가 부모와 떨어져 저희와 함께 살고 있습니다. 그런데 조카가 제 아들의 팬티를 가져다가 자기 속옷 대신 입고 있다는 사실을 알게 되었습니다. 이것이 조카가 트랜스젠더라는 뜻일까요? 저희는 어떻게 해야 할지 고민입니다. 조카를 망신 주거나 수치스럽게 만들고 싶지 않지만 무언가 조치를 취해야 할 것 같습니다.

조카를 지지하고, 망신을 주거나 부끄럽게 만들고 싶지 않다는 마음에 감사드립니다. 가능하다면 여유 있고 편안한 시간을 찾아 이 문제에 대해 조카와 이야기 나눠 보는 것이 좋을 것 같습니다. 예를 들어, 이렇게 말해 볼 수 있습니다. "다른 뜻은 없고, 네가 준서의 속옷을 입고 있는 걸 알게 되었어. 혹시 내가 준서와 비슷한 종류의 속옷을 사 와서 너도 입어 보면 어떨까 생각해 봤어. 네 생각은 어떠니? 우리가 아직은 서로를 알아 가는 중이잖아. 그렇지만 나는 네가 속마음이나 옷 입는 방식, 다른 사람들이 너를 어떻게 보거나 대했으면 좋겠는지, 네가 누구에게 끌리는지 등 모든 것을 여기에서 우리에게 안전하게 공유할 수 있으면 좋겠어"라고 말해 볼 수 있습니다. 대화의 문을 열고 조카의 이야기를 적극적으로 경청하는 자세를 취한 후 어떤 결과가 나오는지 지켜보세요. 추측은 피하면서도, 누구든 자신을 원하는 대로 표현하는 것이 괜찮다는 점을 강조하는 것이 중요합니다. 또한 사람들은 때때로 상황이나 자신을 이해하고 알아 가는 과정 중에 있으며 그 과정에서 충분한 시간을 가질 수 있도록 지켜봐야 한다는 점도 염두에 두어야 합니다.

> **행동하기** 섣부른 판단을 피하고 모두가 가장 차분하고 편안할 때 대화를 시작하세요. 당신이 돌보고 있는 사람이 당신이 모든 성정체성과 성별 표현을 존중하고, 그를 있는 그대로 지지한다는 것을 확실히 느낄 수 있도록 하세요. 어쩌면 당신이 그에게 그런 메시지를 전하는 첫 번째 사람일 수도 있습니다! 자녀가 자신을 온전히 표현할 수 있도록 가능한 한 많은 장벽을 제거해 주세요.

질문 13

성인이 된 저는 성별이 두 가지 이상 있다는 것을 이해할 수 있지만, 그런 개념이 아이를 혼란스럽게 하지는 않을까요? 아이가 아직 이런 개념을 알고 접하기엔 너무 어리다고 생각합니다. 이웃들이 곰 인형조차 성별 다양성을 고려한다고 서너 가지 다른 호칭으로 부르는 것을 보고 이웃집 아이가 혼란스러워하는 것처럼 보였거든요.

어린아이들은 발달 단계에 맞춰 사실적으로 설명해 주면 성별이 여러 가지가 있다는 것을 이해할 수 있습니다. 때로는 아이들이 어른들보다 더 쉽게 잘 이해하기도 합니다! 어린아이들은 자신이 성별 스펙트럼에서 어디에 속하는지 이야기하려고 하거나 다양한 방식으로 표현하려고 노력할 수도 있습니다. 아이들이 성별을 설명하는 방식이 당신의 기대와 다를 수도 있지만, 당신이 다양한 성별이 있다는 것을 알고 있다는 사실을 아이에게 알려 준다면 아이는 지지받는다고 느낄 수 있습니다. 어린아이들도 처음에는 '아저씨' '아주머니' '언니' '형'처럼 성별을 남녀로만 구분 짓는 호칭이나 표현에만 익숙할 수 있습니다. 하지만 점차 다양한 상황에서 사람을 부르는 여러 가지 호칭이나 표현 방식을 배울 수 있습니다. 이러한 과정에서 '이분' '저 친구'처럼 상대방을 존중하는 표현을 배우는 것은 아이들에게 혼란을 주지 않습니다.

> **행동하기** 주변 사람들이 모두 알고 있는 것은 아닐지라도 어릴 때부터 자녀에게 성별이 두 가지 이상 있다는 점을 설명해 주세요. 자녀의 연령과 발달 단계에 맞는 언어로 사실을 간단하고 명확하게 전달해 주세요. 이렇게 하면 자녀가 자신의 성정체성을 이해하고 성정체성을 가진 사람들에게 공감하는 태도를 형성하는 데 도움이 될 것입니다.

 **질문 14**

제 아이는 이미 다른 이유로도 부당한 대우를 받을 위험에 놓여 있습니다. 그런데 제가 아이에게 트랜스젠더가 되는 것을 격려하면 더 큰 위험과 부당한 대우를 받게 될까 봐 걱정됩니다. 어떻게 하면 좋을까요?

이것은 정말 현실입니다. 문제는 자녀가 트랜스젠더가 되고 싶어 한다는 것이 아니라 세상에 트랜스젠더를 혐오하고 반대하는 사람들이 있다는 점입니다. 이러한 현실에 직면했을 때, 우리는 가족, 이웃, 신앙 공동체, 학교 체계 등 주변에 만연한 트랜스포비아와 반트랜스적인 편견에 대해 이야기할 수 있습니다. 자녀들이 더 안전하게 살아갈 수 있도록 앨라이와 옹호자들에게 도움을 요청할 수 있습니다. 자녀가 자기 자신으로 살아가는 것을 막는다면 이들의 건강과 안녕에 심각한 해를 끼칠 수 있다는 점을 진지하게 받아들여야 합니다. 우리는 자녀와 함께 괴롭힘이나 폭력의 위험을 헤쳐 나가는 방법을 모색하면서, 진짜 문제는 자녀의 정체성이 아니라는 점을 반드시 이해해야 합니다.

> **행동하기** 모두에게 더 안전한 환경이 될 수 있도록 모든 사람이 다양한 성별과 성별 표현을 배울 수 있도록 학교, 종교 단체, 가족, 친구, 신뢰할 수 있는 조언자들에게 어떤 교육이나 정책을 시행하고 있는지 물어보세요. 교육을 제공할 수 있는 강사와 유용한 자료를 추천하는 것도 좋습니다. 앨라이와 옹호자들에게 더 적극적으로 나서 달라고 요청하세요. 다양한 환경과 상황에서 자녀의 안전을 좀 더 보장할 수 있는 방법을 고민해 보세요.

 질문 15

어떤 가족은 아이에게 성별을 지정하지 않으며 아이가 자신의 성정체성을 알려 줄 때까지 '그들(they)' 인칭대명사를 사용한다고 합니다. 제가 우리 아이들을 어떻게 키우는지를 생각해 보면, 아이들이 성별에 관계없이

> 남자아이이든 여자아이이든지 자유롭게 놀거나 입을 수 있도록 격려하고 있습니다. 이것도 '성별 중립 양육'의 예시가 아닐까요? 그렇다면, 아이가 태어날 때 이미 성별을 지정한 경우에는 '성별 중립 양육'을 하기에 이미 너무 늦은 걸까요?

아이를 태어나자마자 (또는 그 이전에) 지정된 성별로 키우고 관심사를 탐구하고 원하는 대로 표현하도록 격려하는 것은 성별 표현과 성적 관심사에 대한 지지적인 가정을 조성하는 것입니다. 그러나 이것은 아이에게 태어날 때부터 성별을 지정하지 않고 어떤 성정체성을 가지고 있는지를 아이가 알려 줄 때까지 기다리는 것과는 다릅니다. 이 접근 방식을 선택하는 가족들은 (이는 몇몇 사람들에게는 문화적 관행일 수도 있음) 생후부터 성별이 생식기의 구조에 기반하여 가정되지 않으며 아이의 내면에서 느끼는 성정체성을 존중하려고 합니다. 이러한 접근 방식은 아기와 어린아이가 '소녀' 또는 '소년'으로 알려져 있는 상황에서 발생하는 무의식적인 고정관념과 관련 방식을 경험하지 않도록 하여 내면에서 어떻게 느끼고 무엇을 좋아하고 싫어하는지를 스스로 결정할 수 있는 자유를 얻게 해 주기 위한 의도입니다. 이미 아이에게 성별을 지정한 경우, 그들이(they) 어떻게 불리는지 알고 있다면 "우리는 네가 태어날 때 ○○였다고 생각했어. 하지만 그게 맞지 않을 수도 있어. 여러 가지 다양한 성별이 있어. 네가 ○○가 아니라고 생각하면 언제든지 알려 주렴"이라고 말할 수 있습니다.

행동하기 당신은 이미 한 자녀에게 성별을 지정했다 하더라도 다른 태어날 아이에게 성별을 지정하지 않을 수 있습니다. 만약 이미 아이에게 태어날 때 성별을 지정한 경우, 진솔하고 정직한 대화를 통해 이러한 가정이 틀렸을 수도 있다는 가능성을 열어 보세요. 이 대화는 기회가 있을 때마다 상기시켜 볼 수 있습니다. 아이의 성정체성이나 성별 표현이 무엇이든 간에, 당신은 지지적이고 자유롭게 느껴지는 가정환경을 조성할 수 있습니다.

질문 16

11세인 아이가 지난 몇 년 동안 계속해서 동일한 이름을 사용해 왔고, 아이가 중학교를 입학할 때 선택한 이름으로만 생활할 수 있도록 법적 이름 변경을 하려고 합니다. 이 과정은 어떻게 되나요? 아이들이 법적으로 이름을 변경하는 것이 허락되나요? 아니면 변호사와 법정 재판이 필요한가요?

법적 이름 변경 관련 법률과 필요한 절차는 주(지역)마다 다를 수 있습니다. 보통 당신이 사는 지역에서 해당 과정을 찾아볼 수 있어야 합니다. 일반적으로는 아이가 사는 지역에서 신청해야 합니다. 정보를 찾는 데 도움이나 안내가 필요하다면 사는 지역의 트랜스인권단체(만약 있다면)에 문의하거나 '트랜스젠더법률센터(Transgender Law Center)'나 '국립트랜스젠더센터(National Center for Transgender Equality)'에 연락할 수 있습니다. 더 자세한 정보는 이 책의 부록 자원의 자료를 참조하십시오. 또한 지방 법원 사무장으로부터 정보를 받을 수도 있을 것입니다.

일반적으로 한 부모나 보호자가 법원에 이름 변경 신청서(또는 청원)를 제출할 수 있습니다. 그러나 아이에게 두 명 이상의 법적 보호자가 있다면 일부 조건을 충족하지 않는 이상 모든 보호자가 동의해야 할 수 있습니다. 아이의 이름 변경이 '아이의 최선의 이익'에 부합하는 것임을 이야기하는 문서 및 증거를 제공해야 할 수도 있습니다. 이 문서는 의사, 치료사, 상담사 등으로부터 제공받는 추천서일 수 있습니다. 일부 지역에서는 '신원보증서(affidavits of character)', 부모 동의 양식, 출생증명서 및 이전 이름 변경 사항의 사본을 요구할 수 있습니다. 일부 지역에서는 지역 신문에 이름 변경 신청서를 공개하거나 법원 내 게시하는 것이 필요한 경우도 있습니다. 그런 지역에서는 게시 요구 사항을 면제 요청할 수도 있습니다. 모든 법적 당사자가 동의하지 않은 경우나 판사가 질문이 있는 경우에는 청문이나 심의가 예정될 수 있습니다. 이름 변경에 대한 서명이나 청구서의 질문이나 문제가 있는 경우에도 가능합니다. 이름 변경에 대한 모든 신청 및 공개 요금, 그리고 이름 변경에 대한 서명된 법원 명령 사본을 위한 요금을 지불해야 합니다. 일반적으로 스스로 신청 절차를 진행할 수 있지만, 일부 가족은 변호사를 고용하여 전체 과정을 수행하기도 합니다.

행동하기 지역의 트랜스인권단체에 연락하여 정보를 얻으세요. 지역에 해당하는 단체가 없고 어디서부터 시작해야 할지 확실하지 않다면 '트랜스젠더법률센터' 또는 '국립트랜스젠더센터'와 같은 국가 단체에 연락하십시오. 지역에서 승인될 수 있는 '이름 변경의 이유'에 대해 조언해 줄 것입니다. 특히 게시가 필요한 경우 '아이가 선택한 이름' 또는 '아이가 사용하는 이름'과 같은 방법도 고려할 수 있습니다. 아이의 거주하는 지역 사무장에게 연락하여 미성년자 법적 이름 변경 꾸러미 지원을 요청하세요. 필요한 모든 문서를 수집하고 수수료 금액을 확인하고 법적 보호자의 동의 및 필요한 선서나 추천서를 모으세요.

 **질문 17**

제 아이는 이미 몇 년 동안 사춘기 차단제를 받고 있습니다. 아이는 곧 성별 확정 호르몬 치료를 시작하기를 원하지만, 이 치료를 시작하려면 16세 이상이어야 한다고 생각했었습니다. 아이가 지금 13세라서 이에 대해 불안한 감정이 듭니다. 그렇다면 아이의 생식력은 어떻게 되고, 만약 언젠가 생물학적 자녀를 가지고 싶다면 어떻게 될까요?

맞습니다. 예전에는 성별 확정 호르몬 치료를 시작하려면 16세 이상이어야 했습니다. 그러나 많은 의사가 이미 차단제를 복용하고 있는 십대 초반 청소년에게 처방을 하고 있습니다. 이렇게 함으로써 다른 청소년들이 사춘기를 경험할 때 동반적으로 성장하도록 돕고, 호르몬 치료를 통해 더 많은 결과를 얻을 수 있도록 하기 위하여 지원하고 있습니다. 13세 때 벌써 미래에 생물학적 자녀를 원할 것인지의 여부를 알기가 어려울 수 있습니다. 동시에, 모든 사람이 그런 방식으로 부모가 되고자 하는 것은 아니며, 혹은 부모가 되지 않을 수도 있으므로, 결국은 아이를 존중하여 자신이 내린 자신의 몸에 관한 결정을 지원해 주는 것이 맞지 않을까요? 우리는 부모로서 미래에 어떤 실현되지 않은 바람이 있다면 아이를 지지해 줄 수 있습니다.

> **행동하기** 아이와 처방 의사와 상담 일정을 잡아 호르몬 치료에 대한 질문을 하고 진솔한 의사소통을 하여 보세요. 아이의 이야기를 적극적으로 듣는 연습을 해 보세요. 자신의 기대나 꿈을 놓아야 할 필요가 있는지 스스로에게 묻는 것이 좋습니다. 아이와 떨어져 그런 감정을 처리할 수 있는 자신만의 공간을 만드세요.

질문 18

저의 13세 트랜스메스큐린(transmasculine) 아이가 사회적 전환을 하고 있습니다. 새로운 이름과 인칭대명사를 사용하는 것 외에, 어떤 것들이 전환 과정에 포함되나요? 또 어떤 다른 사항들을 고려해야 할까요? 아이(they)는 이미 이전에 원하는 머리 스타일과 옷차림을 하였습니다.

먼저 하실 일은 아이와 함께 그들의 전환에 대해 더 생각해 보는 대화를 나누는 것입니다. 아이를 잘 모르는 상황에서 구체적으로 조언을 드릴 수는 없지만, 트랜스메스큐린인 사람들은 가슴 바인더

나 패커(packers; 남성 성기 보형물)를 사용하는 것이 도움이 된다고 합니다. 만약 아이가 가슴 바인딩을 원한다면, 안전하게 하는 방법을 알아야 하며 적절한 사이즈를 선택하는 것이 중요합니다. gc2b나 New York Toy Collective와 같은 바인더 제조사나 트랜스 지지적 의사들이 이에 도움을 줄 수 있습니다. 또한 패커를 착용하고 싶어 할 수도 있는데, New York Toy Collective와 같은 곳에서 청소년용 사이즈의 제품을 찾을 수 있습니다. 아이가 이름을 법적으로 변경하거나, 문화적이거나 영적인 활동에서 이분법적인 성별로 활동해야 하는 역할을 변경하고 싶을 수도 있습니다.

> **행동하기** 아이에게 비전이나 꿈에 대해 물어보고, 그런 선택지에 대해 인지하고 있거나 관심이 있는지 알아보기 위해 몇 가지 가능성을 제시해 보세요. 이러한 것들은 패커, 서서 소변을 볼 수 있는 장치, 가슴 바인더 또는 이중으로 겹쳐 있는 스포츠 브라, 유방 모형, 가프(gaffes) 또는 터킹 속옷(MTF 혹은 논바이너리 사람들이 남성 성기를 숨기기 위해 입는 기능적 속옷을 말함) 등이 있을 수 있습니다. 이름 변경이나 문화적 활동에서의 변화를 어떻게 존중과 축하로 대할 수 있을지에 대한 생각을 나눌 수도 있습니다.

 질문 19

　　17세 대학 새내기인 제 아이는 트랜스젠더인데 여름 동안 해외 유학 프로그램에 참여하고 싶어 합니다. 그러나 해당 나라가 수용적인 곳으로 알려져 있지 않고 커밍아웃을 하고 지내기에 안전하지 않을 수도 있습니다. 아이는 아직 법적 이름을 변경하지 않았고, 프로그램 코디네이터는 아이가 법적 이름과 일치하는 모습으로 지내야 한다고 말했습니다. 이게 옳은 일인지 모르겠습니다. 이미 한동안 진정한 자아로 살아온 아이가 '위장'하거나 '비공개'로 지내야 할 수 있는 상황에서 어떤 어려움을 겪을지 걱정됩니다. 제 아이는 정말로 가고 싶어 하지만, 이곳이 적절한 방문 장소는 아닐 수도 있고, 그렇다면 다른 프로그램이 필요한 건 아닐까요? 프로그램 코디네이터와 더 많이 협의해야 할까요?

　아이는 무엇을 말하나요? 아이는 무엇을 원하나요? 아이는 무엇을 두려워하나요? 먼저 아이와 대화를 나누는 것이 필요합니다. 또한 프로그램 코디네이터에게 다음과 같은 질문을 통해 더 많은 정보를 얻을 수 있습니다. 프로그램이나 다른 나라에서 누가 당신의 아이의 신분 관련 정보에 접근할 수 있을까요? 어떤 위험이나 위협이 얼마나 현실적이고 널리 퍼져 있나요? 해당 나라의 알려진 자국민 트랜스젠더에 대한 대우 및 방문객들의 대우에 대한 통계 자료는 어떤가요? 해당 나라에서 트랜스라는 이유로 인해 법적으로 처벌을 받을 가능성이 있나요? 거주 상황은 어떨까요? 화장실/탈의 공간에 대한 사생활 보호가 있을까요?

　필요한 모든 정보를 확보한 후에, 당신과 아이는 실제 위험이 어떤 것인지와 해당 위험을 어느 정도까지 견딜 수 있을지를 결정할 수 있습니다. 그런 다음 계획과 요구 사항을 가지고 코디네이터에게 연락할 수 있으며, 다른 프로그램이나 다른 장소를 알아보는 것이 필요한 경우 더 안전한 캠프를 찾기 위해 노력할 수 있습니다. 아이가 자신의 성정체성을 유지해도 될 경우 혹은 성정체성을 유지할 수 없고 신분증을 기반으로 한 성별을 유지해야 할 경우 경험할 고정관념에 대해 코디네이터에게 정보와 교육을 제공해야 할 수도 있습니다.

> **행동하기** 아이의 안전에 대한 걱정이 있을 때, 아이와 대화하여 아이들이 느끼는 위험과 아직 수집해야 할 정보에 대해 알아보세요. 책임자에게 질문을 하고 필요한 경우에는 적절하게 아이를 옹호하세요.

 질문 20

왜 이렇게 많은 트랜스젠더와 논바이너리인 사람이 항상 문제를 겪고 있는 것 같을까요? 성정체성은 어린 시절의 외상과 관련이 있는 걸까요? 트랜스젠더들이 정말 행복해 보이지 않아서, 저는 내 아이가 트랜스나 논바이너리로 정체성을 가진다거나 성정체성을 성별 확장적으로 정체하는 것에 대해 부정적으로 느껴집니다.

성정체성은 외부 경험에 의한 것이 아니라 내적인 자아의 감각에 기반합니다. 성정체성을 확장하거나 트랜스젠더인 아이들은 가족 거부, 동료 거부, 사회적 차별, 학대 등으로 인해 트라우마를 경험할 수 있습니다. 이러한 경험으로 인하여 슬픔, 고립, 상처, 부끄러움, 두려움, 우울증 및 불안감을 느낄 수 있으며 특히 지지하지 않는 환경에 있는 청소년은 이러한 감정을 더욱 느낄 수 있습니다. 트랜스, 논바이너리, 그리고 성별 확장의 아동과 청소년들은 지지하는 환경에서 가장 잘 성장할 수 있습니다. 지지하는 가정 및 환경은 다른 아픈 경험에 균형을 제공할 수 있습니다.

> **행동하기** 성별 확정, 트랜스, 논바이너리인 사람들을 위한 보다 지지적인 환경을 만들기 위해 행동을 취할 수 있습니다. 이렇게 함으로써 모든 청소년이 기쁨과 자신감을 느낄 수 있습니다. 모든 성별과 성정체성을 지지해주며 주변 사람들에게 롤모델이 되는 지지자가 될 수 있습니다. 또한 개인적인 삶과 거주 지역에서 트랜스 차별과 배제에 도전할 수 있습니다.

 질문 21

친척들 중 몇 명이 "어떤 수술을 할 생각이에요?"와 같은 개인적인 질문을 하고 있습니다. 아이는 이런 질문을 원하지 않는데 고모나 조부모가 묻는다고 해서 자신이 원하지 않는 정보를 반드시 공유하는 것을 원치 않습니다. 동시에 10세인 제 아이가 몇 살이면 성별 확정 수술을 받을 수 있는지 물어보고 있는데, 어떻게 말해 주어야 할지 잘 모르겠습니다.

아이(또는 당신에게 질문을 하는 경우)는 몸과 의료 개입에 관한 사적인 질문에 대해 "그런 것은 적절하지 않은 질문입니다" "그런 이야기를 하는 게 편하지 않아요" "저는 사람들과 저의 생식기에 대해 이야기하지 않아요" 또는 "당신은 제 개인적인 부분에 관해 묻고 있나요?"와 같이 답변할 수 있습니다. 이것은 몇 가지 아이디어에 불과하지만, 기본적인 메시지는 자신이 편안하지 않은 정보는 누구에게도 제공할 필요가 없다는 것입니다. 수술 연령에 관해서는 해당 수술의 연령 요구 사항에 따라 달라질 것입니다. 일부 수술의 경우 18세 미만의 환자에게 수술을 제공하는 반면, 다른 수술은 제공하지 않을 수 있습니다. 세계트랜스젠더 보건의료전문가협회(World Professional Association for Transgender Healty: WPATH)의 치료 기준에 따르면 성별 확정 수술을 언제 수행할지에 대한 결정은 그 특정 청소년과 치료팀에 맞추어 개별화되어야 합니다. 따라서 대략적인 답은 당신의 아이, 아이의 여정과 바람, 그리고 당신의 가족과 협력하는 제공자에 따라 다를 것입니다.

> **행동하기** 아이에게 자신의 몸과 관련된 정보에 대한 권한이 있다는 것을 가르치고 다른 사람들의 질문에 어떻게 대답할 수 있는지 구체적인 예를 제시해 주세요. 특히 다른 어른들에게서 오는 질문에 대한 대응 방법을 가르쳐 주세요. 아이가 자신에게 관련된 수술에 대해 궁금한 경우, 지역 및 국가 내 수술 정책을 조사하고, 지역 소수자가족모임 집단과 연락하여 소식지 정보와 관련 센터 등을 추천받으세요.

 **질문 22**

아이가 다양한 소셜 미디어 플랫폼에서 반트랜스와 트랜스포비아적인 생각을 가진 사람들로부터 사이버 폭력을 경험하고 있습니다. 우리가 할 수 있는 조치가 있을까요? 이 상황을 어떻게 대처하며 어떻게 우리 아이를 지지할 수 있을까요?

메시지를 스크린샷으로 캡처하고 보관하신 뒤 해당 메시지를 신고하실 수 있습니다. 발신자를 차단하고 개인정보 설정을 가장 엄격하게 조절하거나 폭력이 멈출 때까지 계정을 일시적으로 비활성화할 수 있습니다. 만약 이러한 행동이 혐오 범죄로 간주된다면 법적 대표자, 사이버 수사관 또는 다른 당국의 도움을 찾는 것이 필요할 수 있습니다. 특히 공공의 장소에서의 폭력 및 괴롭힘은 피해 대상에게 심각한 부정적인 영향을 미칠 수 있습니다. 만약 아이가 이를 경험한 경우 받을 수 있는 전문적인 지원과 사회적 지원을 찾아보세요.

> **행동하기** 당신의 아이가 소셜 미디어와 인터넷을 최대한 안전하게 사용하도록 최선을 다하세요. 아이가 참여하고 있는 모든 다양한 인기 어플과 사이트, 그리고 인터넷상에서의 개인 정보 및 위치 설정에 대해 알아보세요. 당신의 아이를 위한 안전한 사용 지침을 만들어 보세요. 아이가 괴롭힘을 당하거나 언어적 폭력 또는 성정체성에 대한 혐오 표현에 노출되는 경우, 아이가 혼자 처리하지 않을 수 있도록 빠른 조치를 취해 보세요.

자원

온라인 자원

Abrams, M., & G. Kassel. "LGBTQIA+ Safer Sex Guide." Heathline. August 31, 2020. Healthline.com/health/lgbtqia-safe-sex-guide#condoms-and-barriers

성별 관련 책(전자책, 양장본과 참고자료): TheGenderBook.com

성별 스팩트럼(Gender Spectrum): GenderSpectrum.org/resources

전국트랜스젠더평등센터(National Center for Transgender Equality): TransEquality.org

급진적 카피에디터(Radical Copyeditor): RadicalCopyeditor.com/2017/08/31/transgender-style-guide

십대 건강 자원: TeenHealthSource.com/topics/sex

트레이닝, 자문, 발표 참여 및 상담 서비스: HawnTherapyAndConsulting.com

트랜스젠더법률센터(Transgender Law Center): TransgenderLawCenter.org

트랜스청소년평등재단(Trans Youth Equality Foundation): TransYouthEquality.org/for-parents

트랜스청소년가족동맹국(TransYouth Family Allies): IMATYFA.org/parents.html

관련 서적

Beyond Magenta: Transgender Teens Speak Out by Susan Kuklin

The Every Body Book: The LGBTQ+ Inclusive Guide for Kids about Sex, Gender, Bodies, and Families by Rachel Simon, illustrated by Noah Grigni

The Gender Creative Child: Pathways for Nurturing and Supporting Children Who Live Outside Gender Boxes by Diane Ehrensaft, PhD

Gender Identity Workbook for Teens by Andrew Maxwell Triska LCSW

It Feels Good to Be Yourself: A Book about Gender Identity by Theresa Thorn

Sex Is a Funny Word by Cory Silverberg

They, She, He Easy as ABC by Maya Christina Gonzalez & Matthew SG

Trans Bodies, Trans Selves: A Resource for the Transgender Community edited by Laura Erickson-Schroth The Transgender Child: A Handbook for Families and Professionals by Stephanie A. Brill

Transgender Teen: A Handbook for Parents and Professionals Supporting Transgender and Non-Binary Teens by Stephanie A. Brill & Lisa Kenney

Who Are You?: The Kid's Guide to Gender Identity by Brook Pessin-Whedbee

참고문헌

Bilal, K. (2019, May 1). Here's why it all changed: Pink used to be a boy's color blue for girls. *The Vintage News*. https://www.thevintagenews.com/2019/05/01/pink-blue

Brooks, J. (2018, May 23). The controversial research on "desistance" in transgender youth. *KQED*. https://www.kqed.org/futureofyou/441784/the-controversial-research-on-desistance-in-transgender-youth

Butler, O. (1993). *Parable of the sower*. Four Walls Eight Windows.

Butler, O. (1998). *Parable of the talents*. Seven Stories Press.

Cook, R. E., Nielson, M. G., Martin, C. L., & DeLay, D. (2019). Early adolescent gender development: The differential effects of felt pressure from parents, peers, and the self. *Journal of Youth and Adolescence, 48*(10), 1912-1923. https://doi.org/10.1007/s10964-019-01122-y

Gender Identity Development Service. Social transition for younger children. *GIDS*. https://gids.nhs.uk/parents/advice/social-transition-younger-children

Eagly, A. H., Nater, C., Miller, D. I., Kaufmann, M., & Sczesny, S. (2020). Gender stereotypes have changed: A cross-temporal meta-analysis of U.S. public opinion polls from 1946 to 2018. *American Psychologist, 75*(3), 301-315. https://doi.org/10.1037/amp0000494

Ferguson, S. (2021, January 20). What does it mean to be agender? *Healthline*. https://www.healthline.com/health/agender

Halim, M. L., & Ruble, D. (2010). Gender identity and stereotyping in early and middle childhood. In J. C. Chrisler & D. R. McCreary (Eds.), *Handbook of gender research in psychology* (pp. 495-525). Springer. https://doi.org/10.1007/978-1-4419-1465-1_24

James, S. E., Herman, J. L., Rankin, S., Keisling, M., Mottet, L., & Anafi, M. (2016). *The report of the 2015 U.S. transgender survey*. National Center for Transgender Equality.

Jones, J. M. (2021, February 24). LGBT identification rises to 5.6% in latest U.S. estimate. *Gallup News*. https://news.gallup.com/poll/329708/lgbt-identification-rises-latest-estimate.aspx

Keo-Meier, C., & Ehrensaft, D. (Eds.). (2018). *The gender affirmative model: An interdisciplinary approach to supporting transgender and gender expansive children*. American Psychological Association.

Kuper, L. E., Wright, L., & Mustanski, B. (2018). Gender identity development among transgender and gender nonconforming emerging adults: An intersectional approach. *International Journal of Transgenderism, 19*(4), 436-455. https://doi.org/10.1080/15532739.2018.1443869

Levin, S. (2021, March 24). 'It helps me be myself': Trans kids on the healthcare Republicans want to deny them. *The Guardian*. https://www.theguardian.com/us-news/2021/mar/24/trans-children-healthcare-ban-gender-affirming

Littman, L. (2018). Parent reports of adolescents and young adults perceived to show signs of a rapid onset of gender dysphoria. *PLOS ONE, 13*(8). https://doi.org/10.1371/journal.pone.0202330

Maas, M. (2019, December 9). How toys became gendered. *The Conversation*. https://msutoday.msu.edu/news/2019/how-toys-became-gendered

Nanda, S. (1999). *Gender diversity: Crosscultural variations*. Waveland Press.

Olson, K. R., Durwood, L., DeMeules, M., & McLaughlin, K. A. (2016).

Mental health of transgender children who are supported in their identities. *Pediatrics, 137*(3). https://doi.org/10.1542/peds.2015-3223

Rafferty, J. (2018). Ensuring comprehensive care and support for transgender and gender-diverse children and adolescents. *Pediatrics, 142*(4). https://doi.org/10.1542/peds.2018-2162

Richards, A. S. (2020). *Raising free people: Unschooling as liberation and healing work*. PM Press.

Solomon, J. (2016, July). Gender identity and expression in the early childhood classroom: Influences on development within sociocultural contexts (Voices). *Young Children*. https://www.naeyc.org/resources/pubs/yc/jul2016/gender-identity

Steensma, T. D., Biemond, R., de Boer, F., & Cohen-Kettenis, P. T. (2011). Desisting and persisting gender dysphoria after childhood: A qualitative follow-up study. *Clinical Child Psychology and Psychiatry, 16*(4), 499-516. https://doi.org/10.1177/1359104510378303

Virtual Lab School. Supporting gender-expansive children creates safe spaces for all. Accessed May 31, 2021. https://www.virtuallabschool.org/focused-topics/gender-safe/lesson-3

Turban, J. L., King, D., Carswell, J. M., & Keuroghlian, A. S. (2020). Pubertal suppression for transgender youth and risk of suicidal ideation. *Pediatrics, 145*(2). https://doi.org/10.1542/peds.2019-1725

United States House of Representatives, History, Art, & Archives. Postwar gender roles and women in American politics. Accessed May 31, 2021. https://history.house.gov/Exhibitions-and-Publications/WIC/Historical-Essays/Changing-Guard/Identity/

Yong, E. (2019, January 15). Young trans children know who they are. *The Atlantic*. https://www.theatlantic.com/science/archive/2019/01/young-trans-children-know-who-they-are/580366

찾아보기

ㄱ

가정환경 185
감정 81, 82, 83, 84
경청 77
고정관념적인 방식 161
괴롭힘 183

ㄴ

남성 인칭대명사 136
남자 41
논바이너리 25, 28, 116, 136, 146

ㄷ

대화 79, 81
데미걸 28
또래괴롭힘 173, 174

ㅁ

미디어 168

ㅂ

바이젠더 26
부모 80

ㅅ

사춘기 44
사춘기 억제 37
사춘기 차단제 37, 44
사회적 메시지 166
사회적 전환 149, 157
사회적 전환 과정 155
상담자 175
상호 존중 96
성 20
성별 20, 121

성별 감각 32
성별 고정관념 68
성별 긍정 모형 39, 50
성별 다양성 181
성별 스펙트럼 181
성별 용어 161
성별 위화감 30, 54
성별 이분법적 161
성별 표현 46, 123, 179, 185
성별 확장 25, 131
성별 확장자 26
성별 확장 행동 47
성역할 22
성적 지향 22, 179
성정체성 19, 20, 46, 61, 103, 106, 123, 131, 135, 151, 179, 185
소녀 41, 136
소년 41, 136
수용 157
시스젠더 27, 32, 43, 55, 131, 140
시스젠더 정체성 145
신체 부위 151

ㅇ

안전 139
양성애자 76
양육자 80
언어 26
에이젠더 26, 146
엔비 28
여성 인칭대명사 136
여자 41
옴니젠더 29
옹호자 139
위험 139
의사소통 81
이분화된 사회 68
인내심 88, 91
인칭대명사 20, 102, 105, 136, 157, 162, 183
인터섹스 20, 27
인터섹스 정체성 145

ㅈ

자문 76
전환 150
정체성 157
젠더 논컨퍼밍 27

젠더 스펙트럼 156
젠더퀴어 25, 27
젠더플루이드 25, 136
조바심 90

ㅋ

커밍아웃 33

ㅌ

태너 단계 40
투 스피릿 29
트랜스 경험의 여성 25
트랜스 라이프라인 156
트랜스 여성 22
트랜스젠더 25, 29, 55, 76, 131, 146

트랜스젠더 경험의 남성 25
트랜스포비아 183
트레버 프로젝트 156

ㅍ

편견 65, 69, 70
폴리젠더 28

ㅎ

행동하기 162, 164, 166, 167, 168, 170, 172, 174, 176, 178, 179, 181, 182, 183, 185, 186, 188, 189, 191, 192, 193, 194
호르몬 치료 122

저자 소개

타비 혼(Tavi Hawn)
미국에서 임상사회복지사 면허를 취득한 전문가로, 12년 넘게 성별 표현이 다양한 아동과 트랜스젠더 아동·청소년·성인을 대상으로 상담해 왔다. 혼은 다인종 배경을 지닌 원주민이며, 자신을 투 스피릿이자 논바이너리 트랜스젠더로 정체화하고 있다. 또한 어린 자녀를 둔 부모로서 양육을 통해 매일 새롭게 배우고 성장하고 있다.

역자 소개

신윤정(Yun-Jeong Shin)
미국 퍼듀 대학교 상담심리학 박사
현 서울대학교 교육학과 교수

〈논문〉
직장 내 성소수자가 경험하는 미묘한 차별측정 척도 타당화 연구(공동, 다문화교육 연구, 2024)
트랜스젠더 및 젠더 논바이너리(TGNB)의 차별 경험에 관한 합의적 질적 연구 (공동, 한국심리학회지: 상담 및 심리치료, 2023)
성소수자의 직업 경험에 관한 주제 문헌 분석 연구(Scoping Review): 2017년 이후 국외 문헌을 중심으로(공동, 진로교육연구, 2022)
Perception and experience of sexual and gender minority Korean youth in school counseling(공동, *International Journal for the Advancement of Counseling*, 2022)

정애경(Ae-Kyung Jung)

미국 미주리-콜롬비아 주립대학교 상담심리학 박사
현 경인교육대학교 교육학과 부교수

⟨저서⟩

초등학교 진로교육의 실제(공저, 사회평론아카데미, 2018)
초보자를 위한 학교상담가이드: 사례 선정에서 종결까지(공저, 학지사, 2018)

⟨논문⟩

교사 생활지도 전문성 다차원모형 개발(공동, 초등교육연구, 2024)
한국 이성애자의 동성애 및 동성애자에 대한 태도: 탐색적 질적 연구(공동, 한국 심리학회지: 상담 및 심리치료, 2020)

최나연(Na-Yeun Choi)

미국 메릴랜드 대학교 상담심리학 박사
현 단국대학교 상담학과 조교수

⟨논문⟩

Transgender Dehumanization and Mental Health: Microaggressions, Sexual Objectification, and Shame(공동, *The Counseling Psychologist*, 2023)
Testing a new model of sexual minority stress to assess the roles of meaning in life and internalized heterosexism on stress-related growth and life satisfaction(공동, *Psychology of Sexual Orientation and Gender Diversity*, 2019)
Mexican American women college students' willingness to seek counseling: The role of religious cultural values, etiology beliefs, and stigma(공동, *Journal of Counseling Psychology*, 2019)
Social Class, Classism, Stigma, and College Students' Attitudes Toward Counseling(공동, *The Counseling Psychologist*, 2018)

아이와 함께하는 성정체성 이야기
부모와 양육자를 위한 따뜻한 조언
The Gender Identity Guide for Parents
Compassionate Advice to Help Your Child Be Their Most Authentic Self

2025년 5월 20일 1판 1쇄 인쇄
2025년 5월 30일 1판 1쇄 발행

지은이 • Tavi Hawn
옮긴이 • 신윤정 · 정애경 · 최나연
펴낸이 • 김진환
펴낸곳 • ㈜ 학 지 사

04031 서울특별시 마포구 양화로 15길 20 마인드월드빌딩
대표전화 • 02-330-5114   팩스 • 02-324-2345
등록번호 • 제313-2006-000265호

홈페이지 • http://www.hakjisa.co.kr
인스타그램 • https://www.instagram.com/hakjisabook

ISBN 978-89-997-3424-3 03370

정가 16,000원

역자와의 협약으로 인지는 생략합니다.
파본은 구입처에서 교환해 드립니다.

이 책을 무단으로 전재하거나 복제할 경우 저작권법에 따라 처벌을 받게 됩니다.

출판미디어기업 학 지 사

간호보건의학출판 **학지사메디컬** www.hakjisamd.co.kr
심리검사연구소 **인싸이트** www.inpsyt.co.kr
학술논문서비스 **뉴논문** www.newnonmun.com
교육연수원 **카운피아** www.counpia.com
대학교재전자책플랫폼 **캠퍼스북** www.campusbook.co.kr